保育園・幼稚園の環境教育

チェンゲーディ・マールタ 著
NPO法人 コダーイ芸術教育研究所 訳

明治図書

謝　辞

　本書の実践素材に関する指針は，マイバ・プログラム環境教育の部分を基としています。それは数十年にわたる理論研究と保育実践の中で完成されたものです。今日に至るまでこのテーマごとに分けられたコレクションは，学習計画の基礎となっています。

　環境テーマのコレクションを実現するために，アイデアや実践で協力してくださった保育者の方々にお礼を申し上げます。

著者

本書出版によせて

　"となりの人，回りのこと，とりの足……"
　1974年，初めてハンガリー保育研修に行った時，日本語訳に窮した通訳の謎のようなことばに，思わず"カンキョウニンシキ！"と叫んだのが「環境認識」との出会いでした。翌年には『ハンガリー保育園の教育プログラム』著者の一人であるサバディ・イロナさんをお招きして環境認識の学習会が始まりました。40年余り前のことです（その後，マイバ保育園のプログラムも更新され，環境教育という表現になりましたが，コダーイ芸術教育研究所では今でも「環境認識」と呼んでいます）。
　それ以来，難しい難しいとぼやきながら，なぜか私たちは「環境認識」が好きです。子どもの人格の発達にとって，周りのことから経験や知識を広げ自分の存在を強めていくことが，確かに大事なことだと感じているからです。

　この数年間継続して，チェンゲーディ・マールタさんに学習会で「数学教育」と「環境認識」の理論を保育園で実践指導していただきました。
　実践指導では毎回，「幼児期の子どもの特性」「子どもの経験獲得の過程」について強調され，それに則った課業の組織と内容について研修が行われました。

　何が「環境認識」の課業を難しくしているのか。
　それは私たち大人が"教えようとしている"からです！
　子どもたちは自分の置かれている環境について，既にたくさんのことを知っています。子どもの思考と経験獲得に適した学習が組織されれば，子ども

たちは動き，試し，考えます。まさに，頭と体を使うのです。

　優れた実践者であるマールタさんによって書かれたこの本は，読んでみると「環境認識」は何も難しいことではないような気がしてきます。皆さんも「環境認識」が好きになって，楽しい実践が保育室にあふれるように願っています。

2017年9月

コダーイ芸術教育研究所
理事長　**和地　由枝**

Contents

謝辞　3

本書出版によせて　4

はじめに　8

Ⅰ　幼児期の環境教育の目的

1　自然および社会環境に対する肯定的な感情の形成 …………… 10

2　子どもが直接触れる環境に存在して価値あるものを
　　知ること・好きになること ……………………………………… 11

3　環境を構成する生物や非生物の最も本質的な特徴を
　　経験させること ………………………………………………… 13

4　習慣づけ, 生活習慣, 振る舞い方を教えること, それを通して
　　「子どものレベルで」環境への意識を持つ姿勢の基礎づくり …… 14

Ⅱ　環境教育の実践を実現するには

1　保育園・幼稚園での環境教育のテーマ領域グループ化 ………… 17

2　大テーマによる年間計画 ………………………………………… 19

3　大テーマから部分テーマへの細分化 …………………………… 20

4　大テーマの実践計画 …………………………………………… 22

Ⅲ　大テーマ：アイデア

春・夏・秋・冬 …………………………………………………… 41

人（身体） ………………………………………………………… 43

動物 ………………………………………………………………… 45

植物 ………………………………………………………………… 46

物質（土・水・木・金属・石・ガラス・プラスチック・紙など）… 48

地球・太陽・星 ……………………………………………………… 49

１日の時間帯・週・月・四季 ……………………………………… 50

自宅・家族 ……………………………………………………………… 52

自分たちの園とその周辺環境―人々の仕事 …………………… 53

住んでいる場所・自分たちの町・自分たちの国

（自分たちの民族・他の民族） …………………………… 54

交通 …………………………………………………………………… 56

Ⅳ　幼児期の子どもの年齢的特徴

1　感情が決定的な役割を持つ ………………………………… 58

2　主たる活動はあそび ………………………………………… 61

3　まねすることは学ぶこと …………………………………… 63

4　果てしない運動欲求・行為への欲求 …………………… 64

5　自立への願望が表れる ……………………………………… 66

6　好奇心の強さが特徴 ………………………………………… 68

7　種々の感覚器官を使わせる経験の重要性 ……………… 69

8　恣意的な注意と記憶が特徴 ………………………………… 70

9　思考はまだ行為や見ているものに縛られる …………… 72

10　友達が大切 …………………………………………………… 74

おわりに　75

✿ 付録（課業案の例）✿

　大テーマ：身近な動物　　　76　　　　　大テーマ：身体　　84

はじめに

　今日，環境教育を行うことは，単に知識形成，能力向上だけではなく，同時に考え方と価値観を形成することでもあります。21世紀において生物環境は一層大きな危険に脅かされており，その危険は私たち人間にまで及んでいます。たとえ，その多くを幼児期の子どもが感じ取らないとしても，環境を愛し，敬い，守ることを学ぶという意識を，未来の世代へ植えつけていくことは，私たち（親・教育者）の責任です。それは，子どもが全てのものに好奇心を持つこと，すなわち周囲の環境にある，興味を引かれるもの，大切なもの，目新しいもの全てを手に取って知りたいと思うようになることから始まります。

　保育園・幼稚園での**環境教育の重要性**については，もう議論するまでもありません。というのも，この分野は**世界を知るための基礎**となる知識を全て含むからです。大切なのは，幼児期の子どもたちが，自然について，環境についての知識を持つということです。そして，この知識の獲得が，子どもの体験を基礎としていることが，もっとも重要です。子どもたちは一日中経験を積み重ねます。保育園・幼稚園の中でも，外でも，数々の体験に出合うのです。興味を引かれるものには，感嘆し，意識を向け続け，そのことについて何度も関心を持って質問します。

　環境教育を含めた幼児期の教育は，子どもにとって最初の集団教育であり（乳児クラスも集団ではありますが，むしろ個々の育児の課題に多くの時間をあてることになります），子どもの意識の持ち方，物の見方が形成されるうえで，将来を決めるものとなるかもしれません。なぜなら，この時期に子どもの人格の基礎が形成されるからです。この時期に子どもは，世界の多様さ，美しさ，面白さへの，決定的な体験と初めて出合うのです。

保育園・幼稚園では，子どもの年齢に応じた習慣・行動を身につけさせます。経験獲得ができるように活動の組織を行い，それが子どもの感情を動かす体験となれば，その子の知識は，より豊かなものとなります。そして，自分の周囲の環境にはどんな価値あるものが潜んでいるか，それらを大切にし，守ることがどれだけ重要なことかを，子どもたちに意識させましょう。

I 幼児期の環境教育の目的

　環境教育の目的は多層的であり，単に環境保護の知識を伝えることではありません。子どもの人格全体へ働きかけるべく，知識と共に子どもの意識へ，体験と共に子どもの情緒へ，目的を持った活動で子どもの意欲へ働きかけましょう。

1　自然および社会環境に対する肯定的な感情の形成

　すでに，1～3歳の子どもの好奇心・開かれた心は無限の力を持ちますが，これが時間の経過と共に（3～6歳）さらにパワーアップします。「これなあに？」「どうして？」の時期を考えてみてください。きりがないと思えるほどの**質問と答えを通じて，子どもたちはどれだけたくさんの価値ある知識を得ることができる**でしょう。ことばの習得によって，子どもには新しい可能性が広がるのです。そして，毎日多くのことを知ろうとします。この子どもの好奇心を活用することで，私たちは子どもを育て，教え，様々な能力を発達させることができるのです。

　幼児期は情緒の時期とされています。それは，情緒・感情によって周囲にある物事との関係が決められるということです。また，この時期の年齢に特徴的なのは，自発的・無意識な関心の持ち方です。まだ何かを意識して学ぼうと欲するのではなく，情緒的に強く結びつくもの，興味を引くものを学ぶ＝知ることを欲します。驚きを与えるものについて，より容易に認識し，理解します。すなわち，好奇心に導かれて学習するのです。この**情緒主導性を基にする**ことで，自然環境や社会環境に関する体験を提供し，組織し，一緒に行うことができるのです。このようにして獲得した経験は，徐々に新しい知識へ変わり，またその中で環境との肯定的な関係が形成されていきます。

2 ● 子どもが直接触れる環境に存在して価値あるものを知ること・好きになること

　環境教育においては，地球，水，空気，自然界，そしてその中で人間が創りあげた環境を，価値あるものと考えます。私たちは，故郷，そこに暮らす人々，その地域，伝統への愛情と知識と，それらを保護することが，大切であると感じます。なぜなら，好きなものには気を配り，守ろうとするものだからです。子どもは生まれつき好奇心を持っています。例えば，雨はどこから降るのか，どうして風は吹くのか，家はどのように建てられるのか，ごみはどこに行くのか，心臓はどう脈打つのか，車はどうやって動くのか……など。

子どもは「価値がある」という概念を理解できませんし，私たちが定義してあげることもできません。しかし，大人（第一に子どもに見本を示す親や教育者）が，動物を愛し，保護し，育て，植物を大切にし，世話をし，手入れをし，健康に意識して暮らし，伝統に敬意を払う姿に触れれば，子どもたちの中にも環境への愛情を求める心が形づくられていきます。それを通じて，全てに価値があることを学んでいくのです。

　こうやって環境の価値を知り，敬意をはらうようになれば，のち（小学生になったとき，そして大人になったとき）には環境を大切にする人となっていく確率がずっと高くなるのです。

3 ● 環境を構成する生物や非生物の最も本質的な特徴を経験させること

　子どもたちの基本的な欲求は，生きものとの関係をつくること，対象をよく知りたいと思うことであり，それは色々な形で現れます。例えば，「へえ～」と驚く，手に取る，臭いを嗅ぐ，音を聞き取る，味を見る，「友達」になる，遊ぶ……など。環境を知ることを通じ，子どもは**多種の経験を獲得**します。

　子どもにとって大切なのは，多くの感覚器官を用いた経験（触れる，見る，においを嗅ぐ，味をみる，聞く）であり，そこから知識が「構築」され，その全てが，年齢に相応しい，相互の関係の把握と理解に欠かすことができないものとなります。

　例えば，どんな形・色をしている？　味はある？　固い？　つぶすことができる？　それとも柔らかい？　音がする？　どんな音？　何を食べる？

Ⅰ　幼児期の環境教育の目的　13

動く？　小さい？　それとも大きい？　どんな動きをする？　……など。

　幼児期の子どものために最優先の目的とされるのは，知識の集積ではなく，多様な経験の獲得を助ける活動を保障することです。環境についての情報を獲得する方法が多ければ多いほど，子どもが持つ知識は，豊かに，そして多面的な内容となり，その子どもの中に深く根ざすものとなります。

4 ● 習慣づけ，生活習慣，振る舞い方を教えること，それを通して「子どものレベルで」環境への意識を持つ姿勢の基礎づくり

　習慣づけや生活習慣の形成は，模倣を基礎としており，その中でも見本の提示が特に大きな役割を果たします。入園前，そして入園した後でも，この点において，その子どもの家庭は，決定的な力を持ちます（情緒的な結びつきから，母親・父親のまねをする）。

　保育園・幼稚園においては，家庭で形成された習慣のうえに更に積み上げていきますが，必要な場合は違う形へと導き，場合によっては新しい習慣をつくっていきます。

　どういう場合があり得るでしょうか？

- 文化的衛生的ルール・習慣
  - →食事，衛生，服装に関すること
- 健康維持を助けるルール・習慣
- 事故【けが】予防
- 態度・振る舞いのルール・習慣
  - →個々の環境で期待されるノルマ【社会的規範】，ルールの遵守
- 環境保護に関するルール・習慣
  - →環境をきれいに保つ，植物や動物の保護

　　　　　　　　　　　　　　　　　　　　　　　　など

保育園・幼稚園では，ルールを決めて，それを子どもは練習し，身につけ，その途中でも説明を聞き，なぜそれを行うかを意識していきます。そうして子どもの中に入ったルールは，その後習慣となっていきます。すなわち，**習慣とは，経験のうえに構築されるものであり，練習することで形成されるの**です。

　習慣の形成は，その子どもの資質・能力の発達に寄与するだけでなく，集団生活の基礎でもあります。というのも，よく形成されたルール・習慣は，集団生活において日課の流れを容易なものとし，子どもたちの活動をよりスムーズなものとし，また子ども同士の関係にも効果をもたらすからです。ルール・習慣を「教える」中で，**環境意識を持つ考え方**を意識することが必要です。

　その例を以下に挙げます。

- 食事の前に手を洗う
- トイレに行った後は石鹸で手を洗う
- 必要な分だけの水を使い，流しっぱなしにしない
- ゴミはいつもゴミ箱へ捨てる
- 人と会うときは，お互いにも，大人にも挨拶をする
- 遊具・本・道具の扱いは丁寧にする
- 植物を大切にし，枝をむやみに折ったりしない
- 動物を保護し，いじめない
- 使用済み，書き損じの紙を別に集め，ゴミの分別を行う
- 日中は子どもの求めに応じて水分摂取を行う
- 果物・野菜は，食べる前に洗う
- 健康的な食品を摂取することに親しませる

I　幼児期の環境教育の目的　15

世界に意味があることを,
若者が学ぶことができる最も良い学校とは,
自然と直接触れることができる場所である。
————コンラート・ローレンツ

Ⅱ　環境教育の実践を実現するには

　幼児のために計画・組織する環境認識活動には，教育者の広い視野が必要とされます。というのも，この時期の子どもの興味や欲求を充足させることは，簡単な課題ではないからです。

　環境教育の計画の際，最初に目指すのは，子どもの興味，好奇心を充足させ，同時にその環境を広い範囲で認識させることもできる，そうしたテーマを決めることです。

　ハンガリーのマイバ保育園の実践では次のようなものが行われています。

1　保育園・幼稚園での環境教育のテーマ領域グループ化

　保育園・幼稚園での環境教育の**テーマ領域**は，子どもたちが情緒的に近く感じるテーマで構成されます。

　テーマ領域は**自然環境**ならびに**社会環境**の認識を助けるものとなります。

　テーマ領域は，二つの大きなカテゴリーに分かれます。

- 人と自然
- 人と社会

そして，それぞれに結びつく大テーマを集めました。

次頁の表にまとめています。

17

▼人と自然

テーマ領域	大テーマ
季節	春・夏・秋・冬
生きているもの	人（身体） 動物（虫・魚なども含む） 植物
物質の世界	物質（土・水・木・鉄・石・布・ガラス・プラスチック・紙など）
天体としての地球－宇宙	地球 太陽 星
時刻	1日の時間帯 週 月 四季（一年を構成する要素として）

▼人と社会

テーマ領域	大テーマ
狭義と広義の環境	家－家庭（家族） 保育園・幼稚園とその周辺環境－人々の仕事 住んでいるところ－私たちの街－私たちの国 （自民族－他の民族）
テクノロジーの世界	交通

2 ● 大テーマによる年間計画

　年間の**学習計画の基本**は，前もって準備された**環境認識の大テーマ**です。

　それぞれの大テーマに触れること（計画・組織された観察，経験，遊び，課業）には，幼児期の子どもが好奇心を抱くこと，かつ世界を認識するのに必要なこと，環境に対しての関係の把握・理解を助けることが含まれるようにしましょう。

　各大テーマ（前頁の表を参照）は，**1年全体に配分して**前もって計画します。その順序は教育者が判断します。各大テーマは互いに関連づけることも可能ですが，必ずしも直接的な結びつきを探す必要はありません。

　各大テーマの実施・経験・学習**期間は3〜5週程度**となります。その期間の違いは，テーマごとに掘り下げ方も内容量も異なるからです。

　取り上げる大テーマの順番，計画，内容的な準備に影響を及ぼすものとして，以下に列記します。

- 子どもの発達度・知識のレベル
  - →小さい子と大きい子の比率はどうか
    （年齢によっても経験・知識の量や深さは変わる）
- クラスの人数構成
  - →男女比はどうか
    （男の子向きのテーマ，女の子が好きなテーマ）
- その保育園・幼稚園の地理的特性
  - →どんな環境か，どんな交通機関が近くにあるのか，観察に適した公園や緑地がある……など
- 季節・行事・その時期にあるもの
  - →ある期間，季節，月に，それぞれどんな体験や経験の可能性を子どもに用意することができるか

Ⅱ　環境教育の実践を実現するには　19

▼計画へのアイデア・視点
- 年度始めの頃　家一家族：お互いを知ろう
　　　　　　　　保育園・幼稚園の環境のテーマ
- テーマ「交通」　春または秋，交通機関の利用や出かけて経験するのに適した季節
- テーマ「植物」　秋一収穫，自然の変化に結びつけて
　　　　　　　　春一自然の生まれ変わりに結びつけて
- テーマ「物質」　柔軟に時期を選ぶことができるが，水については状態の変化を経験することができる時期（氷－水，筆者は冬を提案。日本ではむしろ夏でしょうか？）
　　　　　　　　自然の変化に結びつけて春に（雨，植物への水やり）

3　大テーマから部分テーマへの細分化

　計画の次の段階として，一つの大テーマを細分化します。それを部分テーマと呼びます。

　部分テーマを考える際には，学習過程が積み重ね，各部分の内容が明確なものとなるように計画し，その関連性を子どもが理解する助けとなるよう心がけましょう。

　この**部分テーマは，週ごとに一つの題材とすることも可能**ですが，より内容のある，より多くの経験や知識を提供するものであれば，**数週間にわたって子どもたちが親しむことも可能**です。

　部分テーマの計画は，クラスごとに変更することが可能であり，皆が同一の構成に従う必要はありません。大テーマの計画と同様に，クラスの子どもの発達度，知識，年齢構成（年少・年中・年長の子どもの比率，男女比），その施設の条件，環境，経験できるものの選択肢などによって変わります。

▼部分テーマ参考例

大テーマ		部分テーマ
身　体	a	体の部分－動き
	b	感覚器官－役割
	c	成長・育ち，変化
	d	健康－病気
家　族	a	家族の名前・関係
	b	住んでいるところ－どこに住んでいる？
	c	両親の職業
植　物	a	庭の植物・ハーブ（薬草）
	b	野菜－果物
	c	穀物
		または
	a	植物の種類
	b	植物の部分
	c	植物の成長・生育条件
交　通	a	街を歩く・その時のルール
	b	住んでいるところの公共交通機関
	c	遠距離の移動手段
		または
	a	陸の乗り物
	b	水の乗り物
	c	空の乗り物

Ⅱ　環境教育の実践を実現するには　21

前頁の表からもわかるように，一般的な，誰にでもわかる見本に従う必要はなく，その**クラスの地理的特性・条件に配慮して，経験獲得の機会と遊戯的学習を計画しましょう**。大切なのは，**保育者がそのテーマを全体的に見渡し，知ること**であり，各々の体験・遊び・課題・活動によって，子どもの知識が増えるように組織することです。

4 ● 大テーマの実践計画

　部分テーマへの細分化の後は，実践をどう行うかの計画が続きます。
- 収集
  （アイデア——素材，道具，遊び　展示物の収集のために）
- 経験獲得の遊び，組織された課業・活動の計画
- 施設外での体験の計画
- そのテーマに結びつく，その他の活動の計画
  （おはなし，詩の朗読，歌，音楽，うたあそび，運動，描画，模様づくり，手仕事，数学遊び）

❶収集

　実際にあるテーマを取り上げるときは，**はじめに家庭でも収集を協力してもらいます**。

　次に予定されるテーマについて，それに関する収集，依頼，計画について，事前に親へ告知（掲示板に書いたり，メールを送る）します。

　告知する際には以下の点を心がけましょう。
- 園で行われる活動や学習について，親が知ること
- 家でもその時のテーマについて話したり，親しむこと
- 家にあるコレクション（本・画像・もの・ゲーム）によって，そのテーマの活動がより多彩な経験と知識を豊かにすることができるよう，手伝ってもらう
- 家から園に持ち込んだ"宝物"は，情緒的に子どもたちのモチベーションを高め，テーマにあった活動へと導くこと

- 子どもが家から持ち込んだものをクラスで大切に扱うことが，共同体意識を高めること

あるテーマで収集された"宝物"を，展示のために設定した常設の場所へ配置します。その場所を「展示コーナー」「展示棚」「展示卓」などと名づけましょう。

"宝物"となるのは，そのテーマについて，より多面的に知ることを助けるものです。例えば，本，写真，遊具，本物の道具・装飾品・日用品……などです。

収集品の展示場所に配置された道具や遊びがどうして大切なのかというと，学習の過程を助けるからです。**目に見えるもの，目新しい道具・写真・本・面白そうなものは，知りたいと思うこと，さわること，遊ぶことへと子どもをモチベートします**。適切なルールについて子どもと話し，それを守る前提で，展示場所から持ち出し，手にとってよく見たり，それで遊ぶことができます。そうすることで子どもは**経験を積み重ねます**。この種の**「遊戯的な知識獲得」**は，子どもの自発的な学習の可能性を提供するのです。

一緒に収集することは，お互いの結びつきを強めることにもなります。というのも「使用中」に，その持ち込まれたものや写真についての体験を語ったり，話したり，あるいは家から持ってきた遊具で，クラスの子と一緒に遊べるからです。クラスにある，いつもの遊具に対して，これらは変化や新しいことであり，毎日に多彩さをもたらします。

Ⅱ　環境教育の実践を実現するには　23

▼収集のためのアイデア

◆テーマ：物質―木◆

収集例：木のおもちゃや積み木，自然の中で見つけた木片，
　　　　木製の台所用品や装飾品，日用品など

◆テーマ：物質―ガラス◆

収集例：色つきや透明なガラスのもの，花びん，グラス，
　　　　装飾品，表面がなめらかなもの，すりガラスなど

◆テーマ：植物◆

収集例：テーマに結びついた写真，本，種，球根，切り花，
鉢植え，栽培の道具，押し葉・押し花，ルーペなど

Ⅱ　環境教育の実践を実現するには　25

◆テーマ：植物—果物◆

収集例：テーマに結びついた写真・本，果物，果物を原料とする食べものなど

❷経験を獲得する遊び・組織化された課業・活動の計画

　一つの大テーマにかける期間は，収集を始めるところから数えて3～5週間まで可能です。教育者はこの期間における，**テーマに結びつく遊び，課業，その他の活動を計画し，組織**します。

　テーマに結びつく遊びとして，どんなものを計画・組織することができるでしょうか？

　以下に該当する，どんな遊びでもよいのです。

- 子どもが楽しめる
- モチベートされる
- 経験を獲得できる
- それまでの体験を遊ぶことができる
- 新しい道具を通じて，新しい知識を得られる
- お互いに学び合える

遊びとは……
単なる娯楽・暇つぶしではなく，
大切な知識を獲得すること，
そしてその表現の方法なのです。
——ランジュブルグ・イエネー

　どうして遊びの中で何かを知ること，経験を獲得することが有益なのでしょうか？

　ご存知の通り，遊びとは，幼児期の子どもにとって最も大切な活動であり，最も大きな喜びを意味するものであり，子ども自身の興味やモチベーションに応じて自由に選べるものです。

　1日の多くを遊びで過ごすことは，新しいことを経験し，触れ，試し，練習するための十分な時間を得ることでもあるのです。

　遊ぶための条件（空間，時間，道具，体験）**をつくりだすのは保育者ですので，間接的ですが，意識的に子どもの知識獲得に影響を与えることになります。**

　毎日よくある遊びに加えて，その時の**環境テーマに結びつく道具**や，遊びのきっかけとなる状況を提示することで，子どもたちの活動を援助し，豊かにすることができます。

　以下に幾つかの例をあげます。

　　〈交通〉　乗り物の絵・画像でメモリーをつくる，旅行の役割遊びをする

　　〈身体〉　お医者さん遊び，触覚を使った感覚遊び，ジグソーパズル

　　〈動物〉　動物を世話する役割遊び，色々な素材の小さな動物のフィギュアを使って農場遊び

　子どもの遊びの活動が多彩であればあるほど，より多くの経験を獲得します。

手に取る回数が多ければ多いほど，保育者によって計画・組織された遊びで過ごす時間が長ければ長いほど，**より多くの知識を獲得することにつながり，子どもは豊かになります。**

　自由な遊びの中でも，保育者がきっかけをつくることで，個人または少人数の会話をしたり，遊戯的な課題に取り組んだり，あるいはすでにできているグループの遊びに加わることが可能です。その目的は，共通の体験と喜びを得ること，経験を増やすこと，新しい道具や遊具を紹介すること，子どもの能力を向上させることなどにあります。

　効果を強めるものとして，仲間と一緒に体験するということがあります。また，これによってその子たちの社会的能力の向上を助けることになります（課題をもつ，課題意識，挫折感への耐性，忍耐強さ，自信を強める）。

　こうしたこと全ては，自発的な形で起こることであり，強制されるものではありません。

▼遊びのアイデア

〈植物〉保育者が制作したメモリーゲーム用カード

28

〈交通〉私が考えているのはどれか,当ててごらん!
("20の質問"式のあそび)

〈身体〉手は何ができる? (描かれた手の形を真似する)

Ⅱ 環境教育の実践を実現するには　29

〈物質〉水で遊ぶ

〈動物〉いろいろな材料を使って動物園をつくる

〈動物〉論理遊び
例：ペアを作る（動物とその生息地，動物とその子ども，動物とその食べもの，など）

〈動物〉ジグソーパズル

〈交通〉本を読んだり，眺めたり，話をする

❸組織された学習（課業）

　組織された学習とは，**自由参加の遊戯的な課業**を指し，保育者が意識的に開始し，進めるものです。

　これが成果をもたらすためには，以下の点が必要です。

- 子どもたちが喜んで参加するものであること
- 子どもたちが行為できること
- 子どもにとっては遊びと見えること
- 該当するテーマの経験を複数の方法で得られること

　課業の計画と組織には，意識を持った作業が求められます。なぜならこの作業を通じて，保育者は特定の子ども，またはグループの保育課題を解決することになるからです。

子どもたちの発達レベルは，そのテーマの扱い方，どこまで詳細に取り上げるか，新しい知識の配分などに影響を及ぼします。異年齢混合クラスでは，子どもたちが互いに学び合うことの上に構築することも可能です。

　課業の組織において（自由な遊びと同様に）常に視野に入れておくべきなのは，周囲にある自然環境と社会環境について，**幼児の年齢に応じた感覚器官と運動による多彩な経験の獲得の機会を保障する**ことです。子どもにとって組織された学習という共同活動が，自由な遊びを通じて得られるものと同様の喜びを抱き，遊びに没頭できるように努めましょう。

▼課業計画における視点

- 目的の定義―どこに到達したいか？
- 課題―目的達成のために，どんな課題を計画するか？
- モチベーション―どのような方法で子どもに興味を持たせるか？活動する中でどんなモチベーションを用いるか？
- 方法―どんな方法を用いるか？
- 道具―どんな道具が，体験獲得・認識・練習・知識の深化を助けるか？
- 課業案―組織―子どもに与える課題・活動を記述したもの，そして最重要の保育者の指示，課業の構成などを含むもの

　目的の達成のためには，**モチベーションをどう計画するか**が，最も重要な課題の一つです。適切なモチベーション，**子どもがモチベートされた状態は，学習の大切な条件の一つ**です。強制されて合同の遊びの中に最後まで座らされたり，好奇心を持てなかったり，参加したくなかった場合，子どもは受け入れる状態になりません。

　方法・道具・遊戯的な課題の選択は，子どもの年齢に応じた特性を考慮して決定します。それぞれの年齢に特徴的な支配的要素があるからです。

Ⅱ　環境教育の実践を実現するには　33

> ### ▼幼児期の子どもの特徴
> - 運動欲求
> - 行為への欲求
> - 仲間への欲求（クラスの仲間，保育者）
> - 認められることへの欲求から生じる成功体験
> - 情緒の主導性
> - 全ての新しいこと，めずらしいものへ抱く好奇心

　これらの上に課業案と組織を構築すれば，実りある「学習」のために多くのことを成し遂げたことに，自信を持つことができます（詳細は，Ⅳ「幼児期の子どもの年齢的特徴」を参照）。

❹施設外での体験の計画，テーマに関連するその他の活動の計画

　テーマに結びつく体験や経験は，園内で計画・組織するだけでなく，機会を活用して園外でも行うことができます。例えば目的として様々な交通機関の観察，乗り物の概念，交通ルールの実践などがあり得ますし，あるいは店へ皆で行き，店員の仕事を見ることも同様の体験となります。近くの公園も自然を体験する場であり，植物や動物の観察が可能です。こうした経験は，より完全で，生き生きとした，豊かな体験を伴う知識の受容・習得に寄与します。

　当然のことですが，園外の遠足，散歩，旅行には，園内活動よりも入念な検討，手配，計画が求められます。

> - クラスの子どもたちは，一緒に散歩や「お出かけ」することができるほど，成長しているか？
> - 相応しい数の同行する大人を手配することが可能か？　その同行する大人は，どのような役割を担うか？　準備することができるか？（子ども5人に対して1人の大人が望ましい。何をするかを事前に話し合

う）
- 場所の下見，経路の確認などを行い，考えられる状況をよく検討してから，子どもたちを連れて行くようにする
- その場所で目的とする経験獲得は何かを計画する（子どもたちに何を観察させ，見せて，話をしたいと考えるか）
- 子どもたちに対する事前準備も，意識的なものが望まれる（予定されるプログラムについて子どもと話す。どこへ，何のために，何をしにいくのか，など）
- 園から出た時点で，子どもと大人どちらにおいてもいつもの園内のルールとは異なります。お互いに，そして自分自身に注意すること，交通ルールを守ること，事故を防ぐことをこうした機会に子どもたちに教える（集団行動を習得するため）

❺各テーマに関連する，その他の活動の計画

（おはなし，詩，歌，音楽，うたあそび，運動，描画，モデリング[1]，手仕事，数学遊び）

　計画に際して重要な視点は，幼児期の特性に配慮することに加えて，**各テーマについて複合的な方法で触れる**ことです。音楽の体験，詩の一つひとつ，おはなし，あるいはテーマに結びつく美術活動，体育あそび，数学遊びによって，子どもたちの知識がより豊かなものとなり，多面的な経験を獲得することを助けていきます。

　例えば，次頁の活動があります。

---

[1] モデリング：粘土など可塑性素材で立体物を作ること。

▼季節のテーマ

- 季節のうた，詩，おはなし
- 季節の実・種・葉で絵を作る
- 季節の作物を色々な視点でグループに分けて選択，順番に並べる

▼動物のテーマ

- 動物のうた，詩，おはなし
- 色々な素材で動物の工作
- 動物をモデリング，線画，絵の具で描画
- 動物の写真で，色々な視点でグループ分け，選択

▼物質のテーマ

- 色々な素材で楽器を作る－演奏する
- 色々な素材で工作－折り紙，布で人形作り，木材で工作，糸・ひもで編み物や織物作り

▼身体のテーマ

- 手遊び・指遊び
- 身体についての詩
- 身体の一部を触れて行う，色々な体の動きを伴う遊び
- 人体のモデリング，描画

Ⅱ　環境教育の実践を実現するには　37

物質のテーマ：色々な素材の音を観察し，音楽をする

動物のテーマ：好きな動物の絵を描く

身体のテーマ：自画像

動物のテーマ：量，比較，数える

Ⅱ　環境教育の実践を実現するには　39

季節のテーマ：秋の「宝物」で絵を作る

交通のテーマ：ジオラマ（情景模型）を色々な素材を使って作る

III 大テーマ：アイデア

　この章では大テーマの計画のためのアイデアを集めました。
　アイデアや考えのきっかけとなれば幸いです。全ての保育者が自由に，創造的に，子どもたちと遊び，その課題を計画・組織する上での**助けとなる**ことを願っています。園やクラスの特性に合わせてこの時期の子どもにふさわしい，遊戯的な学習を実現しましょう。

 テーマ1　春・夏・秋・冬

✿ テーマの内容についての提案 ✿

　どの季節においても，観察・経験獲得は継続的であることが大切です。その時期独特の自然の変化を観察することが目的です。自然の中で目にする気象現象（雲の色，降水の種類，風，日ざしの強さなど）に子どもたちの注意を促しましょう。気温と自然の変化，天気と服装の間の関連性について，子どもたちが経験を獲得し，気づくように。人間，動物，植物の暮らし方は，季節によってどう変わりますか？　季節ごとに行われる人間の作業を観察しましょう（落ち葉集め，除雪，庭の手入れ，苗の植え込み，水やりなど）。園の条件に合わせて，こうした作業を子どもたちが試す機会を持ちましょう。
　ここ最近は，季節の天気が極端になっているように感じられることが多くなりました（とても強い，多くの場合有害なほどの日射，いわゆるゲリラ豪雨，干ばつなど）。その影響や，その原因をわかりやすく説明したもの，身を守る方法などについて，子どもたちが耳にするべきです。それによって，自然保護，環境保護の考えを育てましょう。

✿ 収集 ✿

- 季節ごとの作物，果実
- 植物（葉，枝，一輪挿しの花など）
- 絵・写真
- 本・動画
- 音楽のコレクション
- 美術作品
- 季節に合わせた服装の小物
- 季節とその時期の行事に結びつくもの
- 季節に結びつくゲーム（メモリー，パズル，テーブルゲーム，カード，クラスで作ったゲーム）-「自然の宝物」を使って
- 季節の飾り

✿ 遊び・課業・体験獲得のためのアイデア ✿

- 自然の中へ，近くの場所への散歩，遠足（園周辺の公園，近くの山など）-その季節の特徴や変化について，観察する，話す，経験を獲得する
- 自分たちで選んだ「園の樹」について，継続的に季節ごとの変化を観察する
- お天気カレンダー-一緒に考えた天気のマークを使って，その日の天気を記録する
- 生きものコーナーの「世話」
- 感覚遊び-季節に結びつくもの，道具，果実，素材で
- この下にあるものは何でしょう？-自然の宝物を使って感覚遊び
- 列の中の間違い探し-様々な視点による選択
- 服装探し-季節に合う服，合わない服
- 水で実験-溶ける・凍る・蒸発する……
- あなたにもこれ聞こえる？-自然のものの音の観察
- 遠足遊びをしよう-季節に結びつく体験と一緒に

テーマ 2 人（身体）

❀ テーマの内容についての提案 ❀

　自分の身体を子どもたちが知り，主な身体部位や感覚器官の名前を覚えましょう。身体部位と感覚器官の役割について，機能について，手入れの仕方について，経験を得ましょう。背比べをしたり，髪の毛，目，皮膚の色や，その他の身体的特徴を比べ合います。

　人間と動物の身体の違いを体験します。手と足の活動・機能の比較も，わくわくする経験獲得の機会です。男の子と女の子の違いを知り，ことばで表現しましょう。内臓について知ることも次のような形で可能です。体から聞こえる音を聞く－心臓の鼓動，呼吸，しゃっくり，お腹が鳴る音など。心臓の鼓動が普段より速くなるのは，運動した後，あるいは「ドキドキしている」ときです。骨や骨格に興味を持つ子どももいますし，血液や血の巡りに興味を持つ子どももいます。感覚器官の役割を経験するために，たくさんの感覚遊びをしましょう（触覚で，素材を，どんなものかを当てる，音のする箱を作る－音の比較，においや味をもとに食べものや飲み物を当てる，一致させるなど）。

　人間の成長・発育についての経験を集めて，それぞれの年齢段階の概念に触れましょう（出生－新生児－乳児－幼児－学童期－青年期－大人：成人・お年寄り）。

　健康を守る習慣（清潔に保つ，服装）を知ることは大切ですし，医師の役割の大切さに気づかせることも欠かせません。

❀ 収集 ❀

- 本・絵
- 写真（子ども自身，家族，様々な年齢の人）
- 感覚遊び：触って当てるゲーム，音・音色を聴き分ける助けとなる遊び，色を見分ける助けとなる遊び
- 鏡

Ⅲ　大テーマ：アイデア

- パズル（身体，様々な年齢の人を題材としたもの）
- 年齢に特徴的なものの収集
- レントゲン写真，治療用具　　など

✿ 遊び・課業・体験獲得へのアイデア ✿

- 収集したものや本を利用して，身体や身体部位について観察や話をする（名前，役割，感覚器官）
- 手と足の役割・機能の比較
- 絵に描かれた手の形を写す，自分の手でその形の真似をする
- 身体から聞こえる音：心臓の鼓動・呼吸・しゃっくり・お腹の鳴る音
- 何が聞こえる？－感覚遊び
- なんのにおいかわかる？－感覚遊び
- どんな味がする？－感覚遊び
- さわったものは何？－感覚遊び
- 体の輪郭を描く・色をつける・感覚器官を描き込む
- 足跡・手形を作る－比較
- 鏡を使って身体の観察－鏡で遊ぶ
- 顔や身体の絵を，水平に何枚かに切り，順番に並べる
- 医師をクラスに招待する，または診療所の訪問－どんな専門でも（例：眼科，耳鼻科など）－治療の見学
- 役割遊び－赤ちゃんをお風呂に入れる，服を着せる，お医者さん遊び
- 着せ替え人形，色々な身体部位への服のデザイン
- パントマイム遊び－パントマイムをする子をひとり募り，その子が何かをパントマイムで表現し，見ている他の子はまずそれを真似して，それから何をしているのかを当てる
- あそび「ありがとう，〜してくれて」－お礼を言いたい自分の身体部位の名前を言う。例：「足にありがとう，散歩に連れてってくれて」「耳にありがとう，このきれいな曲を聴いてくれて」　　など

テーマ3 動物

✿ テーマの内容についての提案 ✿

　子どもたちが，周辺の環境で見ることができる動物たちを知り，区別できることは大切です。動きや鳴き声を観察します。外見特徴や習性，住んでいる場所について経験を得ます。様々な視点で比較しましょう。動物の子どもについて知りましょう。動物にも食べもの，水，空気，日光が必要であることを意識させます。

　動物の中には，人間が世話をし，利用するものがあることを知ります（家畜）。動物を材料とする食べものがあるお店を訪問します。何が動物からできたものかを知ります。

　動物の世話や保護の大切さが子どもの中に形成され，強化されること。動物と環境に対するポジティブな感情への基礎づくりをします。

✿ 収集 ✿

- 動物の写真，本
- 動物から作られた日用品や装飾品
- 動物の遊具（プラスチック，小さいサイズ）
- テーマに結びついたテーブルゲーム
- パズル
- メモリー
- 私が考えているのはどれか，当ててごらん！（"20の質問"式のあそび・写真を使って）
- 小鳥の餌場，水槽，虫の観察箱，拡大鏡などを用意する　　など

✿ 遊び・課業・体験獲得へのアイデア ✿

- 収集したものを利用して，動物の外見や特徴についての観察・経験獲得
- 動物の性質，行動の特徴，世話をする上での注意点などを話す

- 比較，同じところ，違うところを探す（体の部位，体型，生態，棲息地，餌，繁殖，成長など）
- 遊びの中で，ジオラマ，動物園，様々な棲息地をつくる－体験の昇華
- 動物の動きや鳴き声を観察し，真似をする
- 私はどんな動物でしょう？－動きや鳴き声をヒントにクイズ
- テーブルゲーム
- 動物の生態についてのビデオや映画を見る
- 私が考えているのはどれか，当ててごらん！（"20の質問"式のあそび・写真を使って）
- ペアを探そう！（メモリーカードを使って）
- 「カッコウの卵」ゲーム－どれがそのグループに合わないものか？
- CDやインターネットを利用して，動物の鳴き声を聞いたり，なんの動物の鳴き声か区別する　　など

✿ テーマの内容についての提案 ✿

　周辺に見られる植物を観察します。木・茂み・花。よく知られた植物の名前を知ります。よく食べる野菜や果物を知ります。それらを使って一緒に何か食べものを作ります（サラダ，コンポートなど）。

　庭に苗を，プランターに種を植えて，成長，光や水の影響を観察します。子どもたち自身も庭仕事をして，植物の世話をします。果物や野菜を売っているお店を訪問します。

　自然保護，植物の保護，植物の世話の大切さを子どもたちに意識させます。自然への愛情を育てることを目的とします。

✿ 収集 ✿

- 色々な飾り方（鉢植え，切り花，切り枝）
- 色々な種（花・野菜・穀物）

- 球根，苗：育苗器，水栽ポットなど
- じょうろ，拡大鏡
- 苗植えのための道具
- 栽培用土
- 本・雑誌・写真
- 植物をテーマにしたゲーム（メモリー，テーブルゲーム，カードなど）
- 押し花
- 乾燥させた果物の皮
- ハーブのポプリまたは香り袋　　など

✿ 遊び・課業・体験獲得へのアイデア ✿

- クラスの部屋に「自然コーナー」を作り，季節のもの，植物を飾る（花の種，豆，色々な野菜・果物）
- 年間を通じた植物の世話（水やり，苗植え，洗浄，室内栽培）
- 果物を最大限活用する：生食，お菓子作り，コンポート作り，干し果物
- ミニ花壇の手入れ：季節に合わせて
- 手入れ，世話を通じて，植物の部位，成長の観察
- メモリーゲーム：植物の種類，名前を知る
- 感覚遊び：味・におい・触感の特徴を経験する
- テーブルゲーム：保育者と子どもたちが考えたルールに則って
- 自分たちで育てたハーブで，ハーブティーを作る
- 自分たちで育てた野菜や果物で，サラダを作る
- 役割遊び：八百屋・果物屋，植木屋，花屋
- 屋外で「宝物探し」　　など

テーマ5 物質（土・水・木・金属・石・ガラス・プラスチック・紙など）

✿ テーマの内容についての提案 ✿

　色々な素材の特徴について経験を獲得します（色，形，表面，音，味，匂い，歯ごたえ）。自然の中に見つかるものは何でしょうか？　自然の中に見つからないもの（人によって作られたもの）は何でしょうか？　何に使うか－どこに使われているでしょうか？　物質の状態が変化することを経験します（溶ける，濡れる，凍る，蒸発する，割れる，ちぎれる，捏ねることができるなど）。

　遊戯的な実験や観察を通じて，水が生命にとって最も重要な存在の一つであることを知ります。

　それぞれの素材が環境に与える影響を知ることで環境保護，環境意識の考えを形成。ごみという概念，ごみの分別の大切さを知ることにつながります。

✿ 収集 ✿

- 素材の種類に合った道具・ものの収集－部分テーマに沿って
- 写真・本など
- 遊び・課業・体験獲得へのアイデア
- 遊びの中で継続的に様々な素材のものを知る，経験を積む，遊びの道具としての使用（その特徴を経験する）
- 感覚遊び：触って，あるいは音で何の素材かを当てる
- 継続的な工作遊び：素材の加工を通じて，特徴を知る
- 色々な素材を使って：音色を当てる遊び
- 製造過程を動画で見る（例：ガラス吹き，製紙，製鉄など）
- 体験獲得の散歩で，周囲の環境にある素材の観察（乗り物，交通標識，建築現場，服装，お店にある商品など）
- 様々な視点で分類・選択
- 環境保護についての経験獲得：分別ごみ収集，ごみ処理場への輸送
- 実験：その素材を水や火の中に入れるとどうなる？　　など

テーマ6 地球・太陽・星

✿ テーマの内容についての提案 ✿

地球を知る－形・色・陸地・水。年齢に応じた太陽系についての知識。地球について，遊戯的に知ります。生きている環境として，人間・動物・植物が生きる場所として。太陽の役割について経験します。

惑星の名前を聞き，体を動かす遊びで，惑星の動きを知ります。どんなものを星と呼ぶのでしょうか？　夜空を知ります，星の観察。宇宙旅行についての知識を得ます。経験した後に，このテーマに結びつく役割遊びのための条件をつくり，援助します。

上記全ての活動で，環境意識を持つ姿勢の形成・向上を目指します。

✿ 収集 ✿

- 地球儀
- 地図
- 宇宙船についての本・絵・写真
- 太陽系や月面着陸の動画
- 岩石，鉱石
- 時計（砂時計，日時計など）
- 懐中電灯　　など

✿ 遊び・課業・体験獲得へのアイデア ✿

- 地図・地球儀・国旗に触れる
- 地球について，地球儀にある大陸「発見」について，海，あるいは他の地理的特徴について話す
- 月面着陸の動画を見る
- プラネタリウム訪問
- 日時計の製作
- 宇宙船遊び：役割遊び
- 天体，星座のメモリーカードで遊ぶ　　など

Ⅲ　大テーマ：アイデア　　49

テーマ 7　1日の時間帯・週・月・四季

✿ **テーマの内容についての提案** ✿

　時間の概念が幼児期の子どもの中でゆっくりと形成されます。季節についても，継続的な観察と経験を通じてわかるようになります。

　子どもたちは，1日の時間帯・日・週・月という概念にも，遊戯的な経験を通じてしか近づくことができません。

　1日の時間帯（朝・午前・昼・午後・夕方・夜）の概念も，やはり継続的に繰り返される活動に結びつけることで理解します。ですから，「いつ」「何を」するかということを意識させましょう。例えば，朝登園する前に何をしたかを話します。あるいは園でどんなことがありますか？　経験，行為，あそびの中で，その時に応じた時間帯の概念を結びつけましょう。夜何をするか，話しましょう。1日の時間帯それぞれにどんな特徴がありますか（明るい・暗いなど）？

　曜日や月の名前の経験には，カレンダーの製作が助けとなります。それぞれの日に絵を描き込むことで視覚的に，そして行為を伴った体験に結びつけることで，曜日，月の名前を知ることができます。曜日や月のとなえ言葉や詩を覚えることで助けることもできます。

　行事を前もって計画し，近づいてくるお祝いの準備などを楽しみに待つことも，時間の概念の経験を助けます。

✿ **収集** ✿

- 1日の時間帯・季節についての絵・本
- 1日の時間帯・季節に合わせた特定のもの，服
- 継続的なカレンダーの製作
- 時計・砂時計・ストップウォッチ・キッチンタイマー
- 四季をテーマにしたゲーム－テーブルゲーム，パズル
- 1日の時間帯をテーマにしたゲーム－テーブルゲーム，パズル
- 地球儀

- 1日の各時間帯に属する活動の絵・写真
- メトロノーム
- 誕生日カレンダー
- 昔と今の絵・写真－時間経過を比較する（「昔はこうだった，今はこれ」）　など

✿ 遊び・課業・体験獲得へのアイデア ✿

- 1日の各時間帯へ結びつくものを集め，色々な視点で分類
- 太陽の「移動」を観察：日時計の製作
- 「私の1日」：絵・写真を使って，1日の流れを順番に並べる
- 家庭や園内で写真を撮る：見たこと，体験したことについて話す
- 四季をテーマにしたパズル
- 1日の時間帯をテーマにしたパズル：「時計」の回りに並べるもの
- ジェスチャー遊び：1日の各時間帯に結びついた活動を演じる－何をしているかを当てる
- 1日の各時間帯に結びつく物音の録音（いびき・目覚まし時計の音・食器が立てる音，車の音，歯磨きなど）：録音を聴いて，それが何の音かを話す
- タイムレース的な遊び：定められた時間内に何かを行う，あるいはその行為にかかる時間を計る
- 誕生日のお祝い：クラスの誰が何歳か？－一番年上は？　一番年下は？
- 話の続きを考える遊び：「朝目が覚めて思いついたのは……」「昨日どこにいたかというと……」「お昼に食べたのは……」　など
- 絵・写真から読み取る：これは，いつのこと？
- 曜日や月の名前のとなえ言葉，歌，詩　　など

✿ テーマの内容についての提案 ✿

　子どもが家族という概念を知ること。絵や写真，遊具，遊び，話を通して，自分の家族には誰がいるのかを意識させます。それぞれの名前を言えるように。自分自身の名前そして親の名前を覚えましょう。家で誰が何をしていて，どんな役割，仕事，楽しみがあるかを観察し，話しましょう。自分の親の職業は何かを，家で質問して，話してみましょう。家族と何をしますか（ピクニック，散歩，一緒に買い物，親戚を訪問する，旅行）？そうしたできごとについて話しましょう。家族をテーマにした役割遊びの条件を整え，援助しましょう。写真や親との合同プログラムでお互いの家族と知り合いましょう。

✿ 収集 ✿

- 家族写真・父母や祖父母，兄弟たちのアルバム
- 地図：子どもたちが住んでいる場所に印をつける－誰がどこに住んでいるか？
- 家族のテーマに合わせた役割あそびの小道具（服装に関するもの，家電など）
- 父母や祖父母の声の録音
- 父母や祖父母ゆかりのものを借りて収集台に展示
- 家族お気に入りのお菓子（味見する・レシピ）
- 家族がテーマの本
- 服：大人用，子ども用，赤ちゃん用　　など

✿ 遊び・課業・体験獲得へのアイデア ✿

- 行事・お祝いの後に，その体験を聞く，家族で一緒に過ごした時間についてできるだけたくさん話す
- 会話：誰が家族？　年齢・性別：どんな外見？　外見上及び内面的な特徴，家族の名前・親戚関係・職業・家では誰にどんな役割？

- 集めた写真をもとに家族関係について，家族との体験について，家の習慣，伝統について話す
- 父母の声の録音：その録音から子どもたちが誰の親の声かを当てる
- 地図で子どもたちの家の場所に印をつける：誰がどこに住んでいるかを話す。どうやって帰宅する？ 家の中にはどんな部屋・場所がある？
- 親を1組ずつ午前または午後のあそびに招待する：お互いに知り合う機会
- 父母たちとイベント「一緒に遊ぼう」の開催：集団での体験
- 家族の誕生日やお祝い：家族ごとにある習慣の紹介
- 絵・写真を使って，家族をつくる
- 家族がテーマの役割遊びを何度も提案
- 描画：家での1日
- 描画：自分の家族　　など

自分たちの園とその周辺環境―人々の仕事

✿ テーマの内容についての提案 ✿

　園の周辺にある建物・お店・交通手段・名所などについて知りましょう。実際にそれらを散歩の時に見ます。大人の仕事について知りましょう（園の保育者，親，その他の職員，周辺にある興味を引く場所の職員　例：警察官・医師・店員・修理工など）。子どもが興味を持つ職場を訪問しましょう。仕事やその道具を子どもに見せてくれる親を招待します。どの人がどんな仕事をしてどんな道具を使うのか観察しましょう。大人の仕事がどうして大切なのか，話を聞きます。仕事の道具を知りましょう。

✿ 収集 ✿

- 周辺地域の地図
- 園の写真

- 周辺のお店の写真
- 人々の仕事の写真
- 仕事で使う道具・日用品
- 積み木：建物，ジオラマを作る
- カメラ：体験獲得のための散歩で見たものの記録
- 興味を持つ仕事の動画

✿ 遊び・課業・体験獲得へのアイデア ✿

- 園の周りを散歩：周辺を観察，周囲の建物・お店の観察
- お店を訪問・そのお店の大人の仕事を観察
- 体験した場所をもとに地図を作る
- 大人の仕事の写真－道具（大人が仕事で使うもの）でペアを作る
- 視点を決めて，大人の仕事の写真をグループ分け
- 私は誰でしょう？仕事の動作，道具を使う姿を，パントマイムで演じる
- 親を招待して仕事について話をしてもらい，その仕事を知る
- 描画：大きくなったら何になりたい？
- 園で働く大人に「インタビュー」
- 他のクラスを訪問：保育士の仕事は何をする？－観察
- 乳児クラスを訪問（乳児担当の保育士の仕事）・給食室の見学（栄養士・調理師の仕事）　　など

住んでいる場所・自分たちの町・自分たちの国（自分たちの民族・他の民族）

✿ テーマの内容についての提案 ✿

　周辺環境を知りましょう。どこに住んでいますか？　住んでいるところの周辺には何がありますか？　家から園まではどうやって来ますか？　自分の家の中にはどんな部屋や場所がありますか？　その役割，使途は何ですか？家の中にはどんな家具がありますか？　誰が何に使いますか？

✿ 周辺環境についてより多くの知識：街・国 ✿

　住んでいる街・市の名前は？　名所はありますか？　知っているところは
ありますか？　経験獲得のための散歩，旅行の機会があれば，名所を訪れま
しょう。自分の街・市や国，民族の名前を知りましょう。他のところには他
の民族の人々が住んでいることについて，聞く機会を持ちましょう。色々な
視点で世界の民族を比べましょう（肌の色，髪の毛の色，服装，住居，言語，
習慣，音楽，踊りなど）。

✿ 収集 ✿

- それぞれの民族に結びつくもの－特徴的なもの・衣装
- 自分たちの民族音楽，他の民族の音楽
- 自分たちの民族のお話，他の民族のお話
- テーブルゲーム，カード（民族衣装）
- 民族衣装を着せた人形
- 地球儀・地図
- 家族写真（子どもが体験したもの）－旅行に行ったときの写真
- 様々な民族の習慣・歌・踊り・住居・服装についてのビデオ
- 旅行に行ったときに撮影した写真のコレクション　　　など

✿ 遊び・課業・体験獲得へのアイデア ✿

- 収集した本・写真・ものを利用して外見上の特徴の比較（肌の色，
  髪の毛，顔，体格など）
- 私たちの国の習慣，伝統を知る（行事・お祝い，服装，装飾など）
- 絵・写真，本，スライドなどで，様々な住居を知る：石造りの家，
  テント，イグルー（エスキモーの雪の家）など
- 様々な文化の音楽を聞く
- 様々な民族のお話を聞く
- 様々な民族の子どものための遊具を知る：その遊具を試す
- 役割遊び：「インディアン」「エスキモー」など

Ⅲ　大テーマ：アイデア　55

- 民族衣装：カードでペアを作る（男の子－女の子）
- 様々な民族の子どもの絵を描く：メモリーゲームに使う　　など

 交通

✿ **テーマの内容についての提案** ✿

　乗り物について知りましょう（陸・水・空の乗り物）。それぞれの名前を知り，特徴，どこを移動するものか，その他の視点で比較します。交通の流れと方向を観察。乗り物の音を観察。幾つかの交通標識の意味を説明。信号の観察（色・その意味）。歩行者の路上でのルール，正しい歩き方を話し，散歩や外での移動の際に練習します。

　乗り物は工場で作られていることについて聞く機会を持ちましょう。

✿ **収集** ✿

- 様々な乗り物の写真・ビデオ
- 乗り物のおもちゃ：大小様々なサイズで
- テーブルゲーム：保育者と子どもが一緒に作ったものを使い，一緒に考えたルールをもとに行う
- メモリー・ゲーム
- 交通テーマのパズル
- 乗り物についての本・雑誌
- 乗り物に関係するもの（例：信号用手旗，切符，制帽，地図，ホイッスル，ポンプ，ジオラマなど）
- 地図，地球儀
- 遊戯的な展示の組織：古いミニカーのコレクション

✿ **遊び・課業・体験獲得へのアイデア** ✿

- 園周辺の散歩：交通に関するものの観察
- 基本的な交通ルールについて話す，どんな乗り物を知っているか話す

- 本を利用して乗り物について，どんな動力を使うのか，どこを移動するものか，そのルールについて知る
- 乗り物とその移動する場所でペアをつくる
- 絵の穴埋めをしよう：途中まで描かれた乗り物を完成させ，色を塗る
- 色々な乗り物に乗って，一緒に出かける
- 交通博物館へ行く
- 訪問して経験を得る：自動車整備工場，消防署，駅……
- 自分たちで考え出したテーブルゲーム：経験や知識をルールの中に織り込む
- ジオラマの製作
- 乗り物についての「20の質問」ゲーム
- 街を作ろう：積み木，道路，線路を使って
- 園庭で「交通整理」遊び：自転車やキックボードなどで－手持ち信号を使って
- 色々な視点で乗り物の分類（例：どこを移動するか）
- パズル・ゲーム：乗り物
- ちがうのはどれ？：４つの絵のうち，１つは他と違う。その理由は？　　など

Ⅳ 幼児期の子どもの年齢的特徴

　環境教育の目的，課題を実り豊かに実現するためには，幼児期の子どもの特性を俯瞰することが欠かせません。教育学的，心理学的発達の特徴を知り，常に意識することで，環境認識をめざす活動をより効果的に計画・組織することができるからです。

1 ● 感情が決定的な役割を持つ

　3〜6歳の時期は，情緒が決定的な役割を持っており，子どもの活動・雰囲気，周囲との関係に大きな影響を及ぼします。いわば"心のままに"判断する，すなわち理性的な意識で行為を決めるのではありません。まだ感情を抑えることができません。気分の変わりやすさ，その早さが特徴で，しばしば泣いているところから一足飛びに笑い出します。

　例えば，友達と喧嘩していた数分後に，一番の仲良しになったり，あるいは一番きれいな服やお気に入りのチョコをもらえなかっただけで，大泣きをします。

　子どもの感情の様々な表れを私たちは経験します（喜び，怒り，怖れ，憤り，好きなど）。

　幼児期の子どもに最も特徴的な感情は，いわゆる「機能的喜び」です。遊べることに喜び，行為できることに喜び，手にとっていじることに喜び，活動を通して周囲に変化をつくり出せることに喜びます。

　例えば，積み木を使った構造あそびも，最初は積み上げることだけで喜びます（これはまだ機能的喜びです）。しかし，その後は構築した成果に喜びます。これはもうより高い次元の「知的な喜び」と言えるものです。つくり

出す喜び，発見の喜び，自分ができるという喜び，成功の喜びへの目覚めは，**第一にあそびの中で体験する**ものなのです。

　その中で大きな役割を演じるのが，大人（保育者や親）との関係，結びつき，愛情，大人から認められることなのです。なぜなら，これらによってより成果のある活動へと子どもは突き動かされるからです。

　バランスが取れて落ち着いた幸せな子どもは，より受容力があり，より心が開かれ，より高い好奇心を持ち，より活動的であり，よりモチベートされます。喜んで体を動かし，遊び，話し，他の子と仲良くします。

　園の環境に対して安心感を持てない子どもは不安を感じます。心を開かない，怖れ，怒り，憤りなどを多く抱える子どもを，活動へ促すのは難しいものです。おどおどして，引っ込み思案の子どもは，しばしば他の子を遠くから眺め，自分から働きかけることができないため，一緒の活動，あそび，課業への参加に少し手間取ることがあります。こういう子どもは他の子どもに比べて自信が少なく，失敗を怖れるので，踏み出す勇気を持てないのです。

　クラスメイトの子どもに，または大人に対して，心を開けない時，それを助けるのも私たちの役割です。まずは自由に行為できるように，自分で決められるように認めてあげましょう。自由に試すことができるよう見守り，全ての障害を子どもの前から遠ざけることはせずに，そうした障害を乗り越えることを学ばせましょう。成功したときはともに喜び，その気持ちを表しましょう。子どもを誉め，続けるよう促し，励ましましょう。

　　子どもの時期に飛び立つ試みの基礎となり，きっかけとなるのは，
　　　　　　賢明に子どもを守り保護する愛情であり，
　　　　　　子どもを受け入れる情緒的結びつきです。
　　そこから，いつでも世界を見るために出かけることができ，
　　かつ「地平線の果て」で怖いという気持ちを抱いたときに，
　　いつでも帰りを受け入れてくれる，そういう結びつきです。
　　　　　　　　　　　　　　　　　──ヘジ・イルディコー博士

私たち教育者が努めるべきは，日々子どもと過ごす中で情緒的に安心できる場所を形づくり，愛情あふれる雰囲気をつくり上げることです。このような環境においてこそ，子どもは課題に取り組むときにより多くの成果をうみだし，より活動的に，より安心して，情緒的にもバランスが取れるからです。

2 ● 主たる活動はあそび

　幼児期の**子どもの主たる活動はあそび**であり，その中で毎日出会った体験や経験を再びつくり上げ，遊ぶのです（旅行，車の運転，買い物，医者の診療を遊ぶ，自分を消防士だと考えるなど）。あそびの最中にも**継続的に世界と親しみ**，環境を発見します。子どもは，何を使って，誰と，どこでどうやって遊ぶか，自由に選び，自分で決めます。**あそびの中ではどんなことも可能**であり，大人になることもできます。例えば，お母さんが料理をしているのをまねる，お父さんが車を運転する，医者のおばさんが治療をする，消防士が消火する……など。

　子どもにとってあそびは喜びの源であり，1日の多くの部分をあそびで過ごすことができれば幸せです。**あそびの機会，体験したことをあそびの中で再現できること，様々な行為を繰り返すこと，次から次へと新しい発見をすることが多ければ多いほど**，より多くの経験や知識を子どもは得ることができるのです。

　こうした体験から，子どもを遠ざける，制限する，過剰なルールで縛る，遊ぶ時間を減らすことは，子どもの内的な緊張を高めることになりますし，それが落ち着きのなさ，過敏さ，かんしゃくなどとなって表れることがあります。

　私たちの課題は，子どもが喜びに満たされたあそびを最後までできるように，体験を自由に再現して遊ぶことができるような条件をつくりだすことです。

　では，その条件とはどんなものなのでしょうか？

- あそびにたくさんの**時間**を
- **道具**を揃える：粗大運動，微細運動，創造性，体験の再創造，実験，構築，能力（感覚・知覚・想像力・思考）発達の可能性をつくるもの
- 広く，見通すことができる**空間**：子どもたちの気分によって仕切りや配置を変えることができるようにすることで，この時期の運動欲

Ⅳ　幼児期の子どもの年齢的特徴　61

求の充足に適った環境をつくる
- 多彩な**体験**を通じて経験を得る：あそびを豊かなものに，より内容のあるものにする

　あそびの中で対人関係も活発に発達します。一緒に活動する，話をする，仲良くなることが多くなるのは，一緒に遊ぶという体験が，その子どもたちをより強く結びつけるからです。一緒に遊ぶことが上手くできたあとは，ほぼ間違いなく次の機会にも相手としてお互いを探すでしょう。この相手を求めるという欲求，対人関係は，模倣による学習の基礎ともなります。

3 ● まねすることは学ぶこと

　幼児期の子どもはまず他の子ども，あるいは大人を**まねすることで学びます**。興味を抱くもの全て，情緒的に働きかけられたもの全て，望むと望まないとに関わらずまねをします。あそび，課業，そして日々起きている数え切れない状況のどこにおいても，**模倣を通じて**学ぶ機会があります。ことばを聞いて学ぶのではなく，直観的に，経験や行為から学びます。模倣を通じて環境と関係を結び，周囲の世界を理解していくのです。

　最も多くを学ぶ相手は，情緒的な結びつきがある人です。ですから，親を模倣することは頻繁ですが，他の大人やクラスの友達をまねすることもあります。自分の周囲にいる人が何をするか，何を言っているのか，どのように物事を見ているか，どんな方法で表現するか，どんな感情を表すのか，子どもは見ています。そのような観察の体験の跡は日々様々な状況で辿ることができます。例えば，その子がこっそり，あるいは皆が見ている前で，体験したものと同じことをしているとき，同じことを言ったときなどです。

　保育者は，特に異年齢混合クラスにおいて，これらの「良い面と悪い面」を経験します。年長の子は見本として，小さい子を惹きつけますので，観察し，まねをしたあそびを，その小さい子は何日も経ってから自分で始めることがあり，さらに自分のアイデアも加えることがあります。「大きい子」が一緒に遊ぶときや課業で何をするのか，何を学ぶのかに興味を持ちます。**子どもは単に動作をまねるだけでなく，その背後にある心理的な内容もまねをします**。

　大きい子が課題を達成するようにはできないことがほとんどで，関係性を理解できず，ルールを把握できないのですが，一緒に遊ぶことで新しい経験が増えるのです。この経験が徐々に広がる知識の基礎となります。

　この学習の過程は，子どもの知的・情緒的・社会的発達において大変重要な役割を担い，こうした幼児期の特徴を援助，配慮し，保育の中で意識的に活用することは，保育者にとって理に適ったものとなります。

4　果てしない運動欲求・行為への欲求

　幼児期の子どもの**運動欲求・行為への欲求は極めて大きい**もので，身体と神経の発達・成熟と関連します。ほとんどの子どもは座り続けることが少なく，その代わりに腹這いや四つん這いをする，跳ね回る，走りたがるのを皆さんも経験するでしょう。疲れることなく間断なく表れるこのような状態は，悪さをしようと意図するものではなく，成長の過程に含まれるものであり，それは自発性の発達とも関連します。これを意識した上で，子どもの成長を助けるための運動環境をつくり上げなければなりません。多彩な運動形態を実践できるたくさんの選択肢を用意しましょう（もちろん幼児期の能力に適したもので，最大限の安全を常に確保しつつ）。

　地面で遊ぶこと，腹這いや四つん這いすることを許しましょう。道具を用意して，よじのぼり，ぶら下がり，力を試すことができるようにしましょう。運動あそびや役割あそびを豊かにするため，ルールを定めて園の器具を子ど

もが使えるようにしましょう（その器具の特性・状態を維持することに注意しながら）。

決められたルールのために，子どもたちを長い間机に向かって活動させないようにしましょう（例えば，机に向かう活動は，パズル，ブロック，描画，絵本を読むことだけに限る……など）。**大切なのは，1日を通して自由で多彩な運動環境をつくることです。**

例えば，次のようなことです。

- あそびの空間を自分で構成できるように（あそびのアイデアを実現するために，机や椅子も好きなように配置できる）
- 補助器具を用意（例えば大きなサイズのパネル，クッション，パーティションなど）：空間構成や運動の多様化を促す
- 体育器具を日常のあそびでも使えるように（よじ登る，飛び跳ねる，ぶら下がる，上り下り，飛び越える，バランスを取るといった運動のために）

散歩，お出かけも子どもの運動欲求を充足させるのを助けますし，また同時に特別な体験を意味するものでもあります。

これを単に身体的発達や運動欲求の充足に役立てるのではなく，子どもの多面的な能力向上にも役立てましょう。

一緒に行う活動，課業を計画する際には，子どもの運動欲求からくる緊張が高まった場合に，それを解く方法を見つけられるよう考えましょう。

例えば，そのような子どもはそわそわし始め，立ったり座ったり，落ち着きがなくなり，時には他の子にちょっかいを出し，退屈し，その場を去ることもあります。

しかし，子どもに行為させて，変化をつけた方法・道具で，運動欲求を満たしながら，遊戯的に課業や体験の提供をすれば，子どもはより大きな喜びとともに参加するようになりますし，計画した目的の実現もより成果のあるものとなります。

Ⅳ　幼児期の子どもの年齢的特徴　65

5 ● 自立への願望が表れる

　子どもはすでに2歳頃に着衣，食事，散歩，手洗いなどを一人でしたがります。一人で何ができるのか，試し始めるのです。その後幼児期には「僕がやりたい！　一人でやるの！」の時期が始まります。すなわち**自立への願望**はその年齢期の特性なのです。時が経つにつれて，自分の望むように，想像するように，物事を進めようとします。より多くの自立性を，より大きな権力を欲します。当然のことながら，その全てで成功を収めるわけではありま

せんが，より多くのことを自分一人でできることに喜びます。これらは自分の限界へ挑戦する最初の兆しなのです。試すこと，実験すること，アイデアを発展させる空間を認めれば，徐々に上手に，より自立して，より自信を持つこととなり，その子の能力はより実りのある成長を遂げます（運動・知的・言語・社会的能力や，情緒・心理的特性）。幼児期の自立欲求への配慮は，単に自分ですること，仕事，あそびの中でだけでなく，課業においても考えましょう。一人で取り組める課題を計画し，試すことを認め，行為させ，自分で考えたことを確かめさせましょう。なぜなら，受身となる，抑制・制限された行為は，子どものモチベーションをなくしてしまうからです。もしモチベーションがなくなれば，興味，好奇心，発見の喜びを子どもは失ってしまいます。

6 ● 好奇心の強さが特徴

自立化と平行して，もう一つ幼児期に特徴的なものは，好奇心の強さであり，見たことのないものを研究する，環境への興味という態度です。子どもにとって，どんなこともまだ新しいことであり，興味を抱く，惹きつけられるものなのです。全てのことの理由を知ろうとしますし，その途中で止むことなく質問し，話し，説明します。大切なのは，こうした子どもの発見，質問に対して，大人から年齢に合った説明・答えを与えることです。なぜなら，それが子どもの精神的成長を助けることになり，更なる思考へと促すからです。好奇心は子どもの存在意義に関わるほど重要なものです。それによって，環境を認識し，世界を発見するのですから。

そのために私たち大人ができる主な役割とは，以下のような，あそびの中で起きる発見の条件をつくり上げることなのです。

- 一緒に実験する
- 興味深い体験へ子どもの注意を向けさせる
- 発見したこと，推測したこと，関連性に気がついたことを自分で言葉にできたときにほめる
- 子どもが質問することを喜び，満足させる説明を与える
- 一緒に話すことを楽しむ

　これら全てをあそびの中でだけでなく，一緒に行う課業においても実現できるならば，世界に対して学ぶことに，子どもが心を開き，受け入れるようになるための，大きな1歩を踏み出せたことになるのです。

7 種々の感覚器官を使わせる経験の重要性

　幼児期の子どもの学習における最も典型的な特性は，行為，何度も手にとっていじる，**種々の感覚器官を活動させる**（視覚・聴覚・触覚・味覚・嗅覚）**経験**です。幼児は初めて見るものは全て触り，味をみて，その知ろうとする欲求を抑えることができません。

　例えば，りんごを一つ手にとって，触り，形・色を見て，堅さ・大きさを感じとり，かじって味をみて，香りに気がつきます。

　こうした体験や情報が，「りんご」についての知識をより完全なものとするのです。

　幼児期では**視覚による知覚**が第一にきています。ものの色，形，大きさを知るのです。しかし，その後の小学校での学習という視点からは，**音による体験**もそれに並んで重要です。言語の習得，うた，となえ言葉，詩を覚えることの大切さを考えてみましょう。また，触覚による知覚を通じて，ものの形，大きさ，重さ，表面の質を捉えることができます。

　感覚と知覚の過程は互いに結びつき合っており，継続的な活動の中で発達します。

　園において感覚あそびを用いること，実践することは，なぜ重要なのでしょうか？

Ⅳ　幼児期の子どもの年齢的特徴

なぜなら，感覚・知覚は，知識獲得の源であり，自分がどこにいるのか，すなわち自分自身と環境を発見し，認識する上で重要な役割を担うからです。
　なぜなら，様々な感覚器官を通じて届く刺激を相互に結びつけることを，遊戯的な方法で準備するからです。
　なぜなら，視覚の「スイッチを切る」（目をつぶって触る，聞く，味を見る）ことは，それら複数の感覚器官の発達を助けるからです。
　こうした，この年齢期の特性をふまえて，日々のあそびにおいて，また課業の組織において，個々の感覚器官を「機能させる」，感覚を発達させるあそびの条件を揃えることが必要であり，その条件は毎日使うものでも，それぞれの環境テーマにも結びつけることができます。

8 ● 恣意的な注意[2]と記憶が特徴

　注意なくして学習はありません。小学生は，授業で聞いたこと，見たことを覚えるために，注意，集中しなければならないことを知っています。です

---
[2] 恣意的な注意：ここでは，警告を与えるということではなく，意識を特定のものに向けることを意味します。

が3～6歳の子どもに，これはできません。

　幼児期の子どもの特徴として**恣意的な注意と記憶**があります。興味を引くもの，モチベートされるものに注目するのです。体験したことは，その子の意志に関わらず記憶に残ります。単に与えられた言葉を覚えなければならないものよりも，あそびの中で学んだことの方が，より注意して覚えています。ですから，あそびにおいても，課業においても，保育者にとって重要なのは，モチベーションであり，雰囲気をどうつくるかなのです。

　皆さんも経験していると思いますが，子どもの注意はすぐに違うところへ逸れてしまいます。他の新しい体験は，それまでの活動から，すぐに子どもの注意を引き寄せます。例えば，あそびや課業の途中で，飛んでいる飛行機の音を聞いて上を見上げたり，遊んでいる子どもが上げる声でやっている課題から注意が逸れたり，あるいはその子にとってより興味のある絵・もの・ある部分が注意を捉えて離さないなど。

　この時期では，注意を分散させる力がまだ弱いのです。多くの場合，なにか一つのもの，できごとに注意が貼りついてしまいますが，それは情緒的に強い結びつきのあるものであり，そのためになかなか離れることができません。

　こうした年齢期の特性のために，ある特定の活動，一緒のあそび，あるいは課業において，一度だけのモチベートでは十分ではなく，次から次へと「その気にさせること」で，子どもたちの興味を保たなければなりません。**注意と同様に，幼児期の子どもの記憶も偶発的で，信頼できるものではありません。その子にとって情緒的に重要なこと，手にとって結びついたことが残ります。**

　小学生低学年（6～8歳）になると，注意は徐々に長い時間保てるようになり，受動的な記憶も徐々に能動的な記憶へ変わります。そうしてより多くの学習状況で，意志の力で集中し，物事を記憶しようと努めるようになります。

Ⅳ　幼児期の子どもの年齢的特徴　71

9 ● 思考はまだ行為や見ているものに縛られる

　成長する子どもは環境を認識していきながら、様々な活動の中であまたの実践上の問題に出合います（例：あそびの中で、お城を建てようとしても、すぐに倒れてしまう、つなげたビーズもひもの端を結んでおかなければ転がり落ちる、人形に服を着せたくても服のサイズが小さい、高いところにあるものに手が届かない、ズボンや靴をはくのに左右を間違えているので上手くできない……いくらでも例を挙げることができるでしょう）。

　そうした問題の解決は、思考することを通じて実現される、つまり思考を助けにするのです。この時期において、**問題の発見とその解決は、行為という方法で行われます**。子どもにとって問題の解決が明らかとなるのは、実際に試す、行為する中で注意し、見えるときなのです。**行為的－直観的思考**のレベルにいる子どもが問題の状況を理解できるのは、行為と視覚イメージに結びついており、試すことができるものだけです。そこから徐々に**直観的－表象**[3]**的思考**のレベルへ、最後には抽象的、言語思考のレベルへ至ります。

---
[3] 表象：心の中にできる個別のイメージ。抽象的な概念にはまだ至りません。

直観的－表象的思考のレベルでは，具体的な操作・動作の必要はなく，問題状況を見るだけで十分であり，頭の中で問題の解決を考えます。そうなると見るだけで，つまり実際に試さなくても予測ができるようになります。例えば，その人形に合うサイズの服はどれか，作った門を通れる車はどれか，もう一つのトレーに収まるのはどのトレーか，どうやって順番に並べるかなど。

　すなわち，行為，記憶，注意，表象，言語の発達に伴って，思考は徐々に成果のあるものとなっていきます。言葉で表現することが多ければ多いほど，行為的－直観的思考，直観的－表象的思考のレベルを超えて進むことになります。こうして最後に**抽象的・言語的思考**へと至り，目で見ること，直観的な機会を必要とせずに，問題を解決するのです。

　それがどういうことか具体的な例を挙げると，3 + 2 = 5 である，犬には足が4本あって肉を食べる，その日が何曜日であるか，そうしたことを頭で考えることができるようになることです。

　ですが，そこへ至るには，それまでにとてもたくさんの行為，操作・動作，実際の活動と，それに結びつく会話，説明，発語，言葉での質問と答えが必要なのです。

10 ● 友達が大切

　家庭から，乳児クラスから，幼児クラスへ入る子どもたちは，程度は異なっても，友達が欲しいという気持ちを持っています。3歳の子どもは，同じ年頃の子どもたちの中に入りたいと徐々に考えます。幼児期の子どもの集団で同じ年頃の子と一緒に過ごす長所，一緒に遊ぶ喜びを知るようになります。一つの振る舞いの結果がどうなるかを経験し，親近感・反発心・友情について大切な体験を積み重ねます。

　こうした一緒に過ごす時間は，ほとんどの場合偶発的なもので，そのときの状況・あそびに応じてすぐに変わりますし，その中でお互いの模倣する姿を辿ることができます。もはや大人の行為だけが唯一の行動モデルではなく，他の子どもも行動モデルとなり得ます。異年齢混合クラスにおいては，大きい子によるモデルの提示や援助は特に効果的です。

　大切なことは，あそびにおいても，その他の活動においても保育者が意識的に子ども同士の関係を援助することです。なぜなら，**こうした他の子との関係の経験やあそびの状況，お互いに得られる体験が，子どもの社会的能力を形成し，また人格成長にも関与するから**です。

　例えば，協力，適応，協働の能力の形成と実践，意見の衝突をどう扱うか，友達に対し，クラスに対して感じる責任感の形成，ルールを守る実践，あるいは相互理解，受容，耐性を持つよう育てるといったことが挙げられます。

　クラスは以下のことを子どもに保障します。

　　　1. 帰属感を持つ
　　　2. 保護と安全
　　　3. 自己同一感
　　　4.「絆」の体験
　　　5. 一緒に活動する喜び
　　　6. インタラクティブでコミュニカティブな機会

　　　　　　（ジュブリチ・アティッラ『児童期の結びつきをモチベートするもの』より）

おわりに

この大地は，我らの父から受け継いだものではなく，
我らの孫から借りているものだ

　この言葉は何十年も前のインドの賢者のものですが，今でもその正しさは失われていません。今日の人類は，さらに先を見通し，より多くの知識と信念でこうした思想を受け入れるべきではないでしょうか。私たちの子どもたち，孫たち，そしてその次の世代のためにも。

　環境への愛情が全ての教育者と子どもに届き，そして一緒に体験すること，あそび，会話，散歩が，私たち皆の目的に役立つことを心から願っています。

何がよいことで，何が悪いことかを，子どもは知性によって学ぶという
誤った考えを打ち砕くことが大切である。
大人が子どもの近くで行うこと全て
その子の身体・魂・精神の中に深く入り込むということを
我々は重々承知しなくてはならない。
一人の子どもの中に育つ，ものの見方と全ての能力は，
どのような態度を間近で目にするかによって異なるのである。
　　　　　——ルドルフ・シュタイナー，1924

付録 課業案の例

🦋 大テーマ：身近な動物

A）部分テーマ：人が飼う動物（ペット・家畜）の種類，外見的特徴，特性を知る

1　動物のカラー写真をもとにどんな動物かわかる

組　　織	子どもへの声かけ・質問
輪になって座っている子どもたちによく見えるよう，準備しておいた写真を中央に置く。写真の動物の名前を言う。その動物との体験がある子どもの話を聞く。	写真には何が写ってる？ なんていう名前？ これ何だかわかる？ こういう動物見たことある？ どこで見たかな？

2　外見的特徴をもとにした比較

組　　織	子どもへの声かけ・質問
写真をペアにして，外見的特徴の比較（似ているところ，違っているところ）。子どもに見せる写真を選ぶ（例：犬と鶏，馬と猫，乳牛とアヒルなど）。	絵に何が写っているか見てごらん。 この2つの動物の違いは何だろう？ 今度はどこが違っているか見てみよう。 何が違う？ 似ているところは何だろう？

3 保育者が言った特徴から動物をあてる

組　　織	子どもへの声かけ・質問
写真を全部回収し，その中から1枚取り出すが，まだ子どもには見せない。 ◆ゲーム：私は誰でしょう？ 保育者が言った特徴から動物をあてる。 写真の動物について，子どもたちが知っている特徴を複数言う。それをもとに，手に持っている写真はどの動物なのかを子どもがあてる。	写真を集めます。 それから1枚を取り出すけど皆には見せません。 その写真の動物について，みんなと話した特徴を言います。 どの動物の写真を私が持っているのか，誰かわかるかな？ 私は誰でしょう？ ・ ・ ・ ・ ・ ・

4 子どもが言った特徴から動物をあてる

組　　織	子どもへの声かけ・質問
同じ遊びを続けるが，今度は1人の子どもを選んで，その子が「私は誰でしょう？」の役をする。 別の子どもに交替して続けてもよい。	私は誰でしょう？ ・ ・ ・ ・ ・ ・

付録　課業案の例　77

5 一部分の写真からその動物をあてる

組　　織	子どもへの声かけ・質問
前もって複数の部分に切り分けた例えば4種の動物の写真を用意する。 それぞれから1枚を取り出して子どもに見せる。この一部分の写真から，どの動物かを言ってみる。	写真を持ってきたんだけど，ばらばらに切ってあります。 それでパズルをします。 1枚出してみるね。 誰かわかる？ （いくつか子どもからの答え。） 合ってるかな？
	もう一つ別の写真を見せるよ。 誰かわかる？（いくつか子どもからの答え）。 合ってるかな？
4種の動物の写真に対し，4つのグループをつくる。（より多くの写真を用意して，グループを多くしてもよい。） グループ課題：切り分けられた写真をはめ合わせ（パズルのように），その動物の名前を言う。	グループをつくって遊ぶよ。 それぞれのグループに写真を渡します。 一緒に写真をはめ合わせてみよう。 できたら教えてね。 それはなんていう動物？ 皆できた？ そしたら写真を交換します。 次もわかるかな？ がんばってね！

6 それぞれの希望に合わせて，好きな動物を描く

描きたい子は一番好きな動物を描く。

B）部分テーマ：家畜の役割・加工品

課業の活動として，市場あるいは肉屋や乳製品売り場などを訪問。

1　経験獲得のための「お出かけ（散歩）」をする前に，以下のことを子どもたちと話す

組　　織	子どもへの声かけ・質問
どこへ行くか？	とっても素敵な場所へ行きます。 食べものを買えるお店に行ったことがあるよね。 これからそういうお店へ一緒に行きます。
なぜ行くのか？	お肉屋さん／乳製品売り場で何を売っているのか知りたいですね。そこで売っているものはどんな動物のどの部分なのか，どの動物からできたものなのかを見て，皆で話しましょう。 いくつか買って，味見もします。
何を持って行くか？	お買い物に行くとき，何を持って行かないといけないかな？ ・ ・ ・
子どもたちがすることは何か？	皆にお願いがあります。 よく気をつけて何があるかをよく見てください。 後で一緒に遊ぶことができるようにね。

付録　課業案の例　79

2 経験獲得の散歩で出会ったものの観察と話し方

何が見える？ 何かわかる？ 名前は何？ どの動物の部分だろう？ 買った後それで何ができる？ 何が違う？（2つのものの比較）

お肉を売っているところで働いている人を何と呼びますか？

乳牛（または鶏の雌など）は何をして人の役に立ちますか？

3 一緒に食べてみるために一緒に買い物をする

4 家庭で大人と一緒に作って，食べてみる

出会った体験を思い出し，話す。質問をしてみたときに話した知識を再確認。

5 アイデア：翌日の美術活動の枠内で買い物体験の描画

6 アイデア：自由あそびの中でお店あそびできるような用意

組織：食品やレジ，見てきた様々な道具での色々なあそび－食べものを作るあそびと結びつけて（煮炊きや焼きものを台所で）。

C）部分テーマ：動物と人間の関わり

1　写真を利用して動物とその子どものペアをつくる

組　　織	子どもへの声かけ・質問
動物の写真を使って課業を始める。写真は人が飼う動物とその子どもが写っているもの。大人の動物の写真の一部は隠してあり，全部が見えないようにしてある（すでにそれらの動物の知識を子どもたちは持っているので）。親子のペアをつくるあそびを一緒に。	人が飼う動物の写真を持ってきました。大人の動物も，子どもの動物もあります。大人の動物の写真は全部が見えていません。子どもの動物の写真は全部見えています。1人1枚ずつ写真を配ります。（例：大きい子どもには一部が隠された大人の動物の写真を，小さい子どもには全体が見える子どもの動物の写真）みんな，何の写真か見てください。でも，まだ他の子には見せません。遊び方です：立って輪になって【写真を見せながら】歩きます。他の子の持つ写真を見て，ペアを探しましょう。どのお母さん動物にどの子どもの動物が組になるかな。相手が見つかったら座ります。
全員が相手を見つけるまで待つ。見つかったら，誰がどんな動物の写真を持っているかを一緒に見ていく。	全員相手が見つかったら，誰がどんな動物の写真を持っているか，一緒に見てみましょう。ペアで他の子どもに見せて，その動物の名前を言います。できる子はその動物の鳴き声も真似してください。

2 どの動物が何を食べる？

組　　織	子どもへの声かけ・質問
ペアは隣同士のまま，写真を持っている。 動物の食べものをトレーに乗せて持ってくる。 （草，干し草，骨，ミルク，種，トウモロコシをひいたもの，青菜，サラダ菜，ニンジン）	【動物の親子の】ペアのままで，動物の写真を前に出してください。 動物の食べもの，本物を持ってきました。 どれか見たことある？ トレーにあるものは何でしょう？ （食べものと写真の動物をペアにする。）
動物の写真を1枚ずつボードに貼る。 その動物の食べものを探して，写真の下に子どもが置く。 ペアをつくっていく。 ペアが合っているか確認しながら，その動物と食べものについて話す。 答え合わせ。間違っていたら子どもまたは保育者が直す。 こうして写真と食べもののペアをつくることで，経験を強化することを助ける。	写真の動物はどれが好きだろう？ 何を食べるだろう？ （順番にペアごとにその動物の餌を探す。） 食べものが合っているか，皆で見てみよう！ よくできました！

3　動物を飼うときの人間の役割

組　　織	子どもへの声かけ・質問
写真と食べもののペアづくりができたら，飼い主がどのように動物へ餌をやっているか，世話をするのか，用意しておいた大きな写真を見せる（きっとネットで見つかります！）	別の写真を見せます。 何が写ってる？ おじさんは何をしているかな？ どうして動物に食べものをあげるの？ 他に動物が生きるために何がいると思う？ （水） こういう動物はどこに住んでる？ （厩舎・小屋） 誰が動物のための小屋を作る？ （人間＝飼い主） なぜ小屋を作るの？ なぜ動物の心配をするの？ なぜ人間は動物を飼うの？ 動物たちは何の役に立つの？ <div align="right">など</div>

付録　課業案の例　83

🦋大テーマ：身体

A）部分テーマ：身体とその役割

1　身体部位を使ったあそび－身体部位を意識させる

組　　織	子どもへの声かけ・質問
子どもたちは保育者に相対してバラバラに立っている。 ◆あそび：かがみあそび 保育者が示した動作を真似する。 1つずつ動作を示し，子どもたちが真似をする。身体部位ごとに動かすことを通して，子どもたちが正確に観察し，自分の身体をコントロールできているかを確かめる。身体を使うこと，観察することができているか確認する。	面白い体操をやってみない？ 私の正面に立って，みんな動けるように十分に場所を取ります。 ゆっくりと，動いて見せます。 かがみに自分が写っているように，動きを真似します。 （途中で正確にできている子をほめる。）

2　身体部位を使ったあそび－身体部位の意識，保育者がその部位の名前を言う

組　　織	子どもへの声かけ・質問
子どもたちは保育者に相対してバラバラに立っている。 ◆あそび：耳で聞く情報による動作 （保育者は動きを示さない） 前のあそびの続きだが，動作なしで言葉による指示で。	今度は同じようなあそびだけど，私は動かないで，何をするかを言葉で言います。 （例：腕を前に延ばす，片足を上げる，ひざをつかむ，手を腰に置く，片手で耳をつかんで，もう一方の手はおでこにあてるなど。より複合的な課題でもよい。） （途中で正確にできている子をほめる。）

3 身体部位を使ったあそび－子どもたちが部位の名前を言う，名前と部位の確認をする

組　　織	子どもへの声かけ・質問
◆あそび：体育あそび 音楽または何か楽器で音を出し続けている間，子どもたちは好きに動く。合図（音楽が止まる，楽器の音がなくなる）でペアをつくり，指定された部位を相手の部位と触れ合わせる。どの部位にするかは子どもの1人が事前に告げる。	楽しいあそびを皆のために考えました。 Aくんこっち来て。 どれか体の部分の名前を言ってください。 （「手」と答えるAくん。） 音楽がスタートしたらみんな好きなように動いてください。 音楽が止まったら，急いでペアをつくって，お互いの手を触れ合わせます。 （音楽スタート・ストップ：手を触れ合わせる。）
（例：1人の子どもを呼び，その子が部位を1つ言う【手】。音楽がはじまる。同時に急いで他の人より早くペアをつくり，【指定された部位である】手を触れ合わせる。最初にできたペアが勝ち。触れ合わせた場所が合っているかどうか，部位を指定した子どもに手伝ってもらってチェックする。）	Aくん手伝って。 どのペアが一番速かった？　みんな手が触れ合ってる？
◆繰り返し：子どもたちの希望に応じて。	今度はBさん来てください。 体の部位を1つ言ってください。 音楽スタート……。

付録　課業案の例　85

4 男子・女子1人ずつの子どもの輪郭を描く－主な部位の名前を言う，練習

組　　　織	子どもへの声かけ・質問
大きく輪になって床に座る。大きなサイズの紙を輪の中心の床に置く（紙は子どもが寝て収まるサイズにする）。 子ども（男子）を1人選び，その子が敷いた紙の上で手足を伸ばして横になる。 もう1人別の子どもを選び，その子はよく見える太いクレヨンで寝ている子どもの輪郭を描いていく。	輪になって座ってください。 大きな紙を持ってきました。 真ん中に置くね。 Aくんここに来て，紙の上で仰向けで寝てください。 手と足を伸ばして楽にね。 すこし広げて，腕を体から離して。 体の輪郭を描いていって，一緒に大きな絵を描きます。 Bちゃんこっち来て。
◆課題：輪郭を描いていきながら，その部位の名前を言う。	この太いクレヨンで体の輪郭を描いてください。 頭から始めましょう。 （輪郭を描いている最中に，他の子どもたちと描いている子どもとで，ちょうど今描いている部位の名前を交互に言う。） どうもありがとう。
◆組織：できあがったらその紙をどかし，次は女の子で同様に行い，部位の名前を言っていく。	この絵はどかして，今度は同じように女の子の絵も描きましょう。 （同様に行う。）
◆課題：一緒に2つの絵に色をつけていく－肌の色を塗り，その後知っている，目に見える体の組織を描きこむ。（例：目，耳，鼻，口，眉毛，爪など。）	じゃあ，今度は他の色のクレヨンも使って，一緒に（参加している子どもをグループに分けます）色を塗ってください。 それから見たもの，知っているもので，重要な部位を描き込みましょう。 できあがったら，壁に貼りましょう。 そしてまた今度描き込みしましょう。

B）部分テーマ：感覚器官とその役割

1　感覚あそびー触って特徴を知る，それは何かあてる，比較

組　　織	子どもへの声かけ・質問
大きなカゴ（またはトレー）に色々な遊具を入れて持ってくる。中に入っているものを1つずつ一緒に見て，名前を子どもが言う。その後かごの中が見えないように布で覆う。	ここに色々な遊具があります。 みんな知ってるものばかりです。 さてかごの中には何があるかな？ （カゴから1つずつ取り出して，子どもたちが名前を言う。）
◆課題：布で隠された遊具を触って，それが何かをあてる，名前を言う。 ◆組織：子ども1人を選び，布の下にある遊具の1つを探し，その名前を言う。	今度はこのカゴに布を掛けて，みんなから見えないようにします。 Aくんこっち来てくれる？ 中に手を入れて，遊具を1つつかみます。 見ちゃだめだよ。 どうしてそう思うの？ じゃあ今度は別の人。
◆バリエーション： その遊具・ものが備える特徴で，触ることでわかるものを取り上げる。	・ボールを探して ・柔らかいものを探して ・固いものを探して ・くしゃくしゃになるものを探して　　など

2　感覚あそびー音を聞いてあてる，名前を言う

組　　織	子どもへの声かけ・質問
「ちんちろりん」のように，声で誰なのかをあてる遊び。 座った活動の後，こうしたあそびで体を動かす。	

付録　課業案の例　87

3　感覚あそび－味覚：食べものの味を試す・比較

組　　織	子どもへの声かけ・質問
見た目では想像できず，味見してみないとその味がわからないような食べものを用意する。（例：塩をかけたパン，砂糖をかけたパン，レモン汁をかけたパン，タマネギをすりつけたパン） 小さいコップに水を入れ，様々な味の素材を溶かす（塩，砂糖，酢，レモンなど）。	みんなで味見してみましょう。 トレーには何がある？ どう思う？　おいしいかな？ どれもおいしいと思う？ どんな味かって，どんなところから思う？
◆課題：味覚の発達，味の比較，味の名前を言える。見て食べものの味を考える（ひっかけ問題），考えたものがあっているか食べてみて確認。 ◆組織： むすびとして子どもも参加して一緒に例えばレモネードやサラダを作る。 課業の遊戯性から時間が延びるようであれば，経験獲得の機会を2回に組織することも可能。	（味見をすすめる。） 1つ取って。 おいしい？ 良い味？ パンに何がかかっていると思う？ どんな感じ？ （続けて味見させていき，何を感じたかを話す。顔をしかめているときは，表情が変わったのがわかること，おいしかったのかどうかを話しましょう。）

C）部分テーマ：健康と病気

1 健康と病気の違いについて，健康的な生活の条件（運動，ビタミン類，水分補給など）について経験獲得

組　　織	子どもへの声かけ・質問
保育園へ医師を招待し，どうやって病気を治すのかについて話してもらう。 何をどのように調べるのか？ 具合の悪い子どもが治るように，何をするか？ 具合が悪いとは，何からわかる？ 体の何が病気になる？ ◆課題：健康的な生活の条件（運動，ビタミン類，水分補給など）について経験獲得。 ◆組織：医師の話や実演の後に，子どもたちに人形を持ってこさせ，「検査」し，「何が問題かを調べ」，「治る」ために何をすべきかを一緒に話す。 課業から役割あそびとして続けることができる（診療所，医者の使う道具，検査器具など）。	みんなに素敵なお医者さんを紹介します。 今日来てくださったのは，みんなとお話するためで，どうしてお医者さんの仕事は大切なのか，何をするのか，病気の人をどうやって助けるのかを聞きましょう。 （話……，数人の子どもに対して，どのようにするのかをやってみせてもらってもよい。）

付録　課業案の例　89

D）部分テーマ：発達・成長・変化

1　様々な年齢の人を外見的特徴をもとに比較

組　　　織	子どもへの声かけ・質問
テーマに結びつけて，親や子どもに自分や家族の写真を持ってくるよう事前に依頼する。（小さい頃の写真，親の写真，祖父母の写真。このテーマの活動としてこれらの写真はすでに見たことがあり，知っている。） その中からいくつかを選び，課業の中で比較する。写真の準備をすることで子どもたちをモチベートし，一緒に床に座る。	お家からみんなたくさん写真を持ってきてくれたね。みんなで一緒に見ていきましょう。誰が写っているか，そしてその人のことをお話しましょう。 これは誰の写真？ （赤ちゃん。） どうしてそう思う？ 赤ちゃんは何をするのが好き？ 赤ちゃんができないことって何だろう？ 誰が赤ちゃんを教えたり，助けたりするの？ こんな小さな赤ちゃんの兄弟がいる人は？ <div align="right">など</div>
◆課題： 様々な年齢の人の写真の比較。同じところ，違いを言葉で表現する。	もう１枚違う写真を見せます。 （おばあちゃん。） どっちが年取ってる？ （赤ちゃん－おばあちゃん。） どうしてそう思う？ 見てわかる？ おばあちゃんがいる人？ いつ会いますか？ 何をするのが好き？ おばあちゃんのためにどんなことを手伝いますか？ どうして？ おばあちゃんより若いおばさんかおじさんの写真を探してみよう。 どんなところから若いとわかるのかな，思うのかな？

	その人は大人？ 子ども？ 赤ちゃんではない子どもの写真を探して。 それは誰だろう？ みんなと同じ幼児？ 小学生？ 幼児って何をするのが好き？ 小学生は何をするのが好き？ どっちが年上？ <div align="right">など</div>

2　様々な年齢の人を年齢順に並べる

組　織	子どもへの声かけ・質問
色々な年齢の人の写真（6〜7種）を【グループの数分の】封筒に入れて用意しておく。 ・女の子・女性だけも可 ・男の子・男性だけでも可 ・男女混合でも可 参加する子どもたちをグループに分ける（4〜5グループ）。 配られた写真は，答えを考えたら紙に貼りつける。	グループに分かれます。 1つずつ封筒を配ります。 その中には写真が入っています（知らない人の写真です。雑誌から切り取ってきました）。 何をするかというと，その写真を順番に並べて，紙に貼りつけます。 最初は一番小さい，一番若い人の写真を貼ります。 それから年の順に。 一番最後が一番年を取った人になるように。 それを紙に貼りつけてください。 それからみんなで見ていきます。
◆課題：年齢順に並べる。	さぁ，ちゃんとできたかな？ 見てみましょう。
◆組織：それぞれのグループの解答が合っているか一緒に見ていく。	よくできました！

3　道具・ものを選ぶ－年齢による分類

組　　織	子どもへの声かけ・質問
色々なもの，道具，服が入ったカゴを持ってくる（例：ガラガラ，赤ちゃん用の靴，ほ乳瓶，積み木，幼児の遊具，幼児サイズの服，教科書など，大人が使う道具，老人の使う道具）。 フープを5つ床に置く。 5つの年齢の異なる人の写真を持ってくる：赤ちゃん，幼児，小学生，大人，老人。	おもしろいものを持ってきました。 かごの中のものを見ていく前に，この5つのフープを床に置きます。 そしてこの5つの写真を順番に1つずつフープに置いていきます。 最初に一番若いものから最後に一番年を取っているように，誰か写真を置けるかな？
◆課題：写真を順番にフープの中に置く（1つのフープに写真も1枚ずつ。年齢順に並べて）。	（答えるAくん。） ありがとう，よくできました！
◆組織：カゴの中のものを1つずつ見ていき，子どもたちが体験や経験をもとに，どれをどのフープの中に置くかを決める。（整理する基準：どの年齢期によく使われるものか。） ◆課題：道具・物を様々な年齢の人とペアにする。	今度はこの色々なものを整理するためにフープの中に置いていきます。 どれをどこに置くか，それはどうしてなのか，上手く言える人はいるかな？ （カゴから1つ選ぶBさん。） それは何？ それは誰が使うものだと思う？ 使う人の写真があるフープの中に置いてください。 よくできました！ 何に使うもの？ Cくんあなたもカゴから1つ選んで。 どこに置く？ どうして？ かごの中がなくなるまで続ける。

　課業の後は，子どもが興味を持ったものいくつかを，役割あそびに使えるように与える。

【著者紹介】

チェンゲーディ・マールタ

ハンガリーのマイバ保育園副園長。
マイバ・プログラムの立ち上げに参加し，実践者として現在も
クラス担任を兼務し，後進の指導にもあたる。コダーイ芸術教
育研究所の招聘で日本の保育園の指導も行っている。

【訳者紹介】

NPO 法人　コダーイ芸術教育研究所 （森本　覚）

保育園・幼稚園の環境教育

2017年11月初版第1刷刊	著　者　**チェンゲーディ・マールタ**
	ⓒ訳　著　NPO法人　コダーイ芸術教育研究所
	発行者　藤　原　光　政
	発行所　明治図書出版株式会社
	http://www.meijitosho.co.jp
	（企画）及川　誠（校正）川村千晶
	〒114-0023　　東京都北区滝野川7-46-1
	振替00160-5-151318　電話03(5907)6704
	ご注文窓口　電話03(5907)6668
＊検印省略	組版所　中　央　美　版

本書の無断コピーは，著作権・出版権にふれます。ご注意ください。　　007-006

Printed in Japan　　　　ISBN978-4-18-079318-1

もれなくクーポンがもらえる！読者アンケートはこちらから →

明治図書

音楽科授業サポートBOOKS
音楽授業の「見方・考え方」
成功の指導スキル&題材アイデア
髙倉 弘光 編著
音楽授業ラボラトリー研究会 著
2000円

手軽でカンタン！子どもが夢中になる！
筑波の図画工作
言葉かけ&題材ネタ51
筑波大学附属小学校図画工作科教育研究部・
仲嶺 盛之・北川 智久・笠 雷太 著
2200円

物語文の言語活動アイデア事典 小学校国語
二瓶 弘行 編著 国語"夢"塾 著
2260円

めあて&振り返りで見る
算数授業のつくり方
盛山 隆雄・加固 希支男・松瀬 仁 編著
山本 大貴 著 志の算数教育研究会 著
2060円

阿部 隆幸・紺野 悟・海老澤 成佳 著
365日の板書型指導案 社会科6年
全単元・全時間の流れが一目でわかる！
2260円

阿部 隆幸・井出 祐史・千守 泰貴 著
365日の板書型指導案 社会科5年
全単元・全時間の流れが一目でわかる！
2260円

阿部 隆幸・板書型指導案研究会 著
365日の板書型指導案 社会科3・4年
全単元・全時間の流れが一目でわかる！
2400円

西川 純・橋本 和幸・伊藤 大輔 編著
主体的・対話的で深い学びを実現する！
小学校外国語『学び合い』活動ブック
通知表文例つき
1960円

瀧沢 広人 著
小学校英語サポートBOOKS
導入・展開でクラスが熱中する！
小学校英語の授業パーツ100
2360円

価格は全て本体価格表示です

明治図書

マンガでわかる!
体育授業の腕を上げる
ちょこっとテクニック

小林 治雄 著

1700円

体育科授業サポートBOOKS
マンガでわかる!
体育授業の腕を上げる
ちょこっとテクニック

土作 彰 著

1700円

学級経営サポートBOOKS
保護者・子どもの心に響かせる!
声に出して読みたい
学級通信の「道徳のお話」

富井 愛枝 編著
授業力&学級づくり研究会 著

1900円

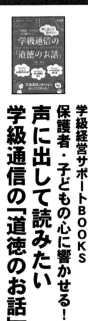

3年目教師
教師力ステップアップ
勝負の道徳授業づくり
意欲を引き出しねらいも達成する!
スキル&テクニック

加藤 宣行 著

1900円

加藤宣行の道徳授業
考え、議論する道徳に変える
話し合い&道徳ノートの
鉄則45

高校教師の学級経営
最高のクラスをつくる仕事術

栗田 正行 著

1960円

静岡教育サークル「シリウス」編
戸塚 健太郎 著

歌声でクラスをつくろう!
中学校学級担任のための
合唱コンクール指導
ハンドブック

1860円

南畑 好伸 著

得点力不足解消!
中学地理「基礎基本」定着
面白パズル&テスト

2200円

渋谷 久 著

中学校数学サポートBOOKS
見てふれて、納得!
中学校数学
おもしろ教材&授業アイデア

2200円

価格は全て本体価格表示です

明治図書

学級経営サポートBOOKS
ワンランク上の子ども見取り術
学級の荒れを防ぐキーポイント
成瀬 仁 著
1660円

小学生のための
ソーシャルスキル・トレーニング
スマホ時代に必要な人間関係の技術
渡辺 弥生・藤枝 静暁・飯田 順子 編著
2300円

学校現場で今すぐできる
「働き方改革」
目からウロコのICT活用術
新保 元康 著
1600円

手軽にできて盛り上がる！
お楽しみ会＆ミニパーティ
アイデア事典
静岡教育サークル「シリウス」編著
1860円

平成30年版
学習指導要領改訂のポイント

高等学校 国語
髙木 展郎 編著
2100円

高等学校 地理歴史・公民
原田 智仁 編著
2200円

高等学校 数学
吉田 明史 編著
2200円

高等学校 保健体育・体育
佐藤 豊 編著
2160円

高等学校 芸術（音楽）
北山 敦康 編著
2260円

高等学校 外国語（英語）
向後 秀明 編著
2400円

価格は全て本体価格表示です